Cora Besser-Siegmund, Harry Siegmund

EMDR im Coaching

Wingwave – wie der Flügelschlag eines Schmetterlings

Ausführliche Informationen zu weiteren EMDR- und NLP-Büchern
sowie zu jedem unserer lieferbaren und geplanten Bücher
finden Sie im Internet unter **www.junfermann.de**
– mit ausführlichem Infotainment-Angebot
zum JUNFERMANN-Programm.

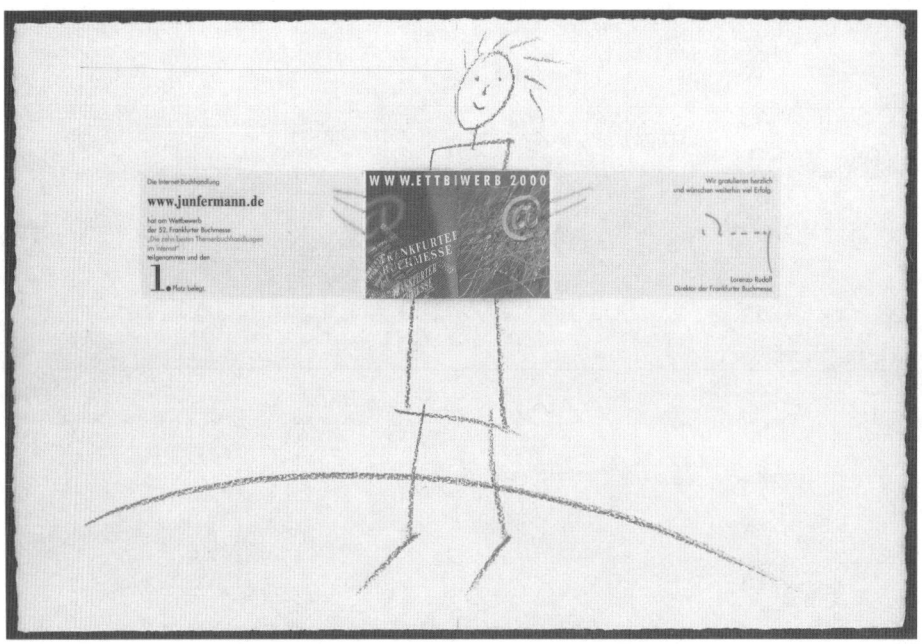

www.junfermann.de: 1. Platz im Wettbewerb
„Beste Themenbuchhandlung im Internet"

Cora Besser-Siegmund, Harry Siegmund

EMDR im Coaching

Wingwave – wie der Flügelschlag eines Schmetterlings

Junfermann Verlag · Paderborn
2001

Satz: JUNFERMANN Druck & Service, Paderborn

Die Deutsche Bibliothek – CIP-Einheitsaufnahme
Besser-Siegmund, Cora:
EMDR im Coaching: Wingwave – wie der Flügelschlag eines Schmetterlings / Cora Besser-Siegmund; Harry Siegmund. – Paderborn: Junfermann, 2001
   ISBN 3-87387-456-3

ISBN 3-87387-456-3

Inhalt

Vorwort

Ende der achtziger Jahre entdeckte und entwickelte die amerikanische Psychotherapeutin Francine Shapiro eine außergewöhnliche Methode zur Behandlung von posttraumatischem Streß. Vor sieben Jahren gab der SPIEGEL dann dieser auch in Deutschland neu eingeführten EMDR-Methode den Namen „Winke-Winke-Therapie". Man war fasziniert und alarmiert über die neue Idee aus Amerika, psychische Blockaden einfach „wegwinken" zu können. Tatsächlich spielen bei dieser Methode schnelle Fingerbewegungen vor den Augen des Klienten eine entscheidende Rolle. Die so erzielten raschen Augenbewegungen erinnern an die „REM-Phase", welche alle Menschen beim intensiven Träumen zeigen: *R*apid *E*ye *M*ovement. Und EMDR steht für *E*ye *M*ovement *D*esensitization and *R*eprocessing.

Trotz der scheinbaren Einfachheit in der Anwendung zählt EMDR heute weltweit mit zu den effektivsten und am besten beforschten Psychotherapiemethoden bei posttraumatischen Belastungsstörungen. Haben Menschen Katastrophen, wie etwa ein Erdbeben, Krieg oder eine Gewalttat, erlebt, können sich viele davon nicht mehr erholen. Unsere Sprache hat hierfür etliche Redensarten: „Ich komme nicht darüber hinweg" heißt es, „Der Schreck sitzt mir noch in den Knochen", oder man fühlt sich nach dem Trauma gar „gebrochen".

Wir selbst sind auch nach langjähriger Erfahrung mit dieser Methode immer wieder darüber verblüfft, wie schnell und nachhaltig EMDR bei diesen seelischen Verletzungen helfen kann. Waren die Menschen vor dem Trauma psychisch stabil, reichen wirklich manchmal nur zwei bis fünf Sitzungen aus, damit sie sich von der „Last der Erinnerung" seelisch und körperlich befreit fühlen. Ist schon hier die Wirkung derartig überzeugend, so liegt es auf der Hand, daß EMDR auch in der Verarbeitung von Alltagsstreß eine sinnvolle Intervention darstellen kann. In der „EMDR-Szene" zeigt sich ein entsprechender Ansatz zu einem neuen Trend. Es werden in den USA bereits Seminare zu Themen wie „EMDR und Kreativität" oder „EMDR zur Entwicklung von Ressourcen" angeboten. In unserem Institut setzten wir EMDR mit genau diesem Anliegen immer mehr im berufsbezogenen Coaching ein. In Kombination dieser Methode mit NLP und Elementen der Kinesiologie ist so in den letzten Jahren unser *Wingwave-Coaching* entstanden, wie wir es am Ende dieses Buches vorstellen werden.

Das Feedback der Coaching-Klienten ist äußerst positiv. Gedankenblockaden verwandeln sich in eine Fülle von kreativen Ideen, Niedergeschlagenheit pendelt in „aufrechtes" Selbstbewußtsein zurück. „Wenn ich im Job den berühmten Nackenschlag erhalte, tröstet mich jetzt schon allein der Gedanke an die Existenz dieser Methode", sagte neulich einer unserer Kunden. „Ich weiß, daß ich mich schnell wieder erholen und eine gute Lösung finden werde." Letztere Aussage ist sehr wichtig. Weder EMDR noch Wingwave-Coaching unterstützen irgendwelche Verdrängungstechniken. Ganz im Gegenteil: Es bewirkt, daß sich die Klienten „der Sache gewachsen fühlen" und sie – falls wichtig – ressourcevoll „anpacken" können.

Vor allem Menschen im Spitzenleistungsbereich setzen sich täglich verschiedensten Streßsituationen aus: seien sie gesundheitlicher, sozialer oder ökonomischer Natur. Das gilt beispielsweise für Führungskräfte, Spitzensportler oder auch Künstler. Natürlich handelt es sich bei diesen Steßerlebnissen selten um äußere Katastrophen, wie z.B. ein Erdbeben. Aber innerlich kann schon mal „eine Welt zusammenbrechen" oder eine „Erschütterung" stattfinden. Meist ist nicht genügend Zeit vorhanden, um sich von den Streßspuren ausreichend zu erholen. So fangen die Ereignisse an „zu wurmen" und zu „kränken", das Leistungsfundament bekommt „einen Knacks". Es dauert immer länger, bis die gewohnten körperlichen, seelischen und geistigen Kraftquellen wieder ins Fließen kommen. Spuren von „Spitzenleistungs-Streß" können beispielsweise entstehen durch:
→ soziale Spannungsfelder im Team, mit Kunden, mit Vorgesetzten;
→ „Rampenlicht"-Streß, wie z.B. bei öffentlichen Auftritten, Wettkämpfen oder durch die Aufmerksamkeit der Medien;
→ chronische „Sorgenprojekte";
→ Ideen-Blockaden im Kreativitätsprozeß;
→ „Nackenschläge" auf dem Weg zum Ziel;
→ überraschende Kränkungen oder gar Angriffe durch Personen, denen man bisher vertraute;
→ ein berufliches Dilemma, wie z.B. einem Mitarbeiter kündigen zu müssen, obwohl einen dessen Schicksal „mitnimmt";
→ körperlicher Streß, wie z.B. Schlafmangel;

→ beängstigende Erlebnisse, wie z.B. ein turbulenter Flug bei Vielfliegern oder eine bedrohliche Situation anläßlich eines Auslandsaufenthalts;
→ inneres „Zerrissen-Sein" zwischen Berufs- und Privatleben.

Auch wenn derartige Situationen für die Betroffen sehr belastende Auswirkungen haben können, möchte ich sie in Abgrenzung zu wirklich lebensbedrohlichen Katastrophen nicht Psychotrauma nennen. Wir benutzen im Coaching den Begriff „Mini-Trauma" zur Bezeichnung des subjektiven Erlebens der gewählten Themen: Die Situationen sind zwar sehr „stressig" oder werden als kränkend eingeordnet, aber sie haben nicht die Dimension, von der „die Welt untergeht" oder das Leben in Gefahr ist. Übrigens verwendet Francine Shapiro, die EMDR-Begründerin, im ähnlichen Kontext den Begriff „Small-t-Trauma", also das „kleine" Trauma mit dem kleinen „t". Sie benutzt ihn für belastende Situationen, in denen einer Person kein körperlicher Schaden wie etwa bei einem Unfall entsteht. Die Belastung wirkt beispielsweise durch eine verächtliche Bemerkung, einen Brief mit erschreckendem Inhalt oder auch durch Nicht-Beachtung eines Menschen. Der Körper bleibt unversehrt, aber die Seele wird verwundet. Wenn wir in diesem Buch von posttraumatischem Streß reden, ist dieser Terminus im Sinne eines solchen „Mini-Traumas" zu verstehen. Für eine klare Unterscheidung verwenden wir im Buch öfter den Begriff Post-Achievement-Streß – abgekürzt PAS –, der darauf abzielt, daß bei Coaching-Klienten Streßspuren überwiegend im Kontext von Spitzenleistungen entstehen.

Ebenso wichtig wie die Regulation von Spitzenleistungsstreß ist im Coaching die gezielte Stärkung von persönlichen Ressourcen und Kreativitätspotentialen mit dem Ziel einer allgemeinen Leistungssteigerung. Hier stellen wir Interventionen vor, welche die Menschen in einen optimalen Kontakt mit ihren Kraftquellen bringen. Weiterhin zeigen wir, welche EMDR-Elemente im Coaching-Prozeß ganz besonders zum Einsatz kommen. So gilt beispielsweise in der eigentlichen Trauma-Therapie die Arbeit mit negativen und positiven Kognitionen als besonders wichtiger Part. Im Coaching sind Kognitionen und Beliefs ebenfalls von großer Bedeutung. Jedoch gibt es gerade hier zwischen Therapie und Coaching deutliche Unterschiede, welche wir sowohl für den interessierten Coaching-Klienten als auch für den EMDR-Anwender herausgearbeitet haben. Wir nennen diesen Bereich auch „Belief-Coaching".

Wir wünschen uns, daß Sie als Leser in diesem Buch einen faszinierenden Coaching-Ansatz für Ihre beruflichen Ziele entdecken. Natürlich ersetzt dieses Buch kein Coaching „live", aber Sie wissen nach der Lektüre um den Wert dieser Methode für die Ansprache Ihrer individuellen Kraftquellen. Sind Sie Kollege, der oder die EMDR praktiziert, finden Sie hier vielleicht ein paar zusätzliche Ideen zum Einsatz Ihrer neuen Lieblingsintervention (geht es Ihnen auch so?) im berufsbegleitenden Coaching Ihrer Klienten. Da sich dieses Buch auch an „nicht-therapeutische" Leser wendet, dürfen wir Sie für ein tieferes wissenschaftliches und klinisches Verständnis auf die sehr guten Veröffentlichungen von *Francine Shapiro* selbst oder auch anderer EMDR-Experten verweisen (siehe Literaturverzeichnis am Ende des Buches).

Jedem Leser wünschen wir nicht nur interessante Erlebnisse, sondern auch viel Spaß beim Lesen!

Cora Besser-Siegmund & *Harry Siegmund*

I EMDR im Coaching-Prozeß

Coaching bedeutet ein individuelles berufsbezogenes Training in fachlicher, persönlicher und sozialer Kompetenz. In den letztgenannten Feldern kommen überwiegend psychologische Methoden zum Einsatz. Bei der Auswahl der Methoden muß berücksichtigt werden, daß die Klienten – egal in welchem Prozeß sie sich befinden – immer psychisch stabile Persönlichkeiten sind. Auch Blockade- und Streßphänomene sind immer als normale und allgemein nachvollziehbare Reaktionen eines gesunden Menschen in einem Kontext höchster Leistungsanforderungen zu betrachten. EMDR ist eine ideale Methode, um die im psychisch gesunden Menschen bereits vollständig vorhandenen mentalen und kreativen Ressourcen gezielt und schnell zu stärken, auszubauen und auch wieder in Fluß zu bringen.

Leo beispielsweise ist seit zwanzig Jahren erfolgreicher Berufsmusiker. Er komponiert und textet regelmäßig neue Songs für sich selbst und auch für Kollegen. Im letzten Jahr registrierte er bei sich eine „Texter-Blockade": „Mir fiel einfach nichts mehr ein, da war eine richtige mentale Funkstille. Beim Komponieren sah es auch nicht besser aus." Obwohl grundsätzlich mit seinen Erfolgen zufrieden, störte ihn das Phänomen. Er hatte EMDR im Coaching zu anderen Themen bereits kennengelernt. Im Rahmen dieses Coachings hatten wir ihm auch eine Möglichkeit des Selbst-Coachings mit EMDR gezeigt. Leo setzte diese Möglichkeit gezielt für die Überwindung seiner „Texterblockade" ein. „Nach knapp zwei Stunden platzte der Knoten", erzählte er später. „Innerhalb von 14 Tagen schrieb ich an die dreißig neue Stücke. Mir kamen tausend Ideen, ich lief nur noch mit meinem Notizblock herum, um meine Ideenflut zu Papier zu bringen. Jede Bemerkung eines Gesprächspartners konnte zum Stichwort werden. Diese Methode ist für einen Künstler wirklich von unschätzbarem Wert."

Leos Beispiel läßt sehr gut die Möglichkeiten von EMDR im Coaching erahnen. Die hier erwähnte Selbst-Coaching-Methode wird später im Buch beschrieben. Sie kann von Klienten nur nach einer praktischen Einführung in die Methode eingesetzt werden. Voraussetzung ist ein ausreichendes Verständnis von EMDR und seiner Wirkungsweise. Dieses Verständnis bauen wir nun Schritt für Schritt für Sie als interessierten Leser auf. Zunächst sind Sie eingeladen, uns im ersten Kapitel durch einen typischen Coachingprozeß bei einer Führungskraft zu begleiten, bei dem eine Spitzenleistungs-Blockade das Thema ist. Anhand dieses Ablaufs vertiefen Sie Ihr Verständnis für das Phänomen von Post-Achievement-Streß und erleben die Wirkungsweise von EMDR. Danach zeigen wir Ihnen die Erweiterung der EMDR-Anwendung zur Ressourcen- und Kreativitätsaktivierung im beruflichen Kontext, wie es im Beispiel des Berufsmusikers schon angedeutet wurde.

Beide Themenbereiche kommen im Coaching übrigens gleich verteilt vor: Viele unserer Kunden möchten Spitzenleistungs-Blockaden überwinden, etliche sind aber auch generell wie Leo mit ihrer aktuellen Situation zufrieden und suchen gleichzeitig gezielt nach einem weiteren beruflichen und persönlichen Wachstum. Eine große Anzahl bringt auch beide Themen gleichzeitig mit. Wie schon gesagt: Alle Fallbeispiele in diesem Buch betreffen Menschen, die als psychisch gesund und stabil einzuschätzen sind. Das ist sicherlich mit ein Grund, warum EMDR bei dieser Klientel oft so schnell wirkt. Im Rahmen einer Psychotherapie zur Behandlung von komplexen seelischen Störungen kann eine ähnlich rasche Wirkung nicht gleichermaßen erwartet werden. Die Coaching-Beispiele stammen übrigens alle aus unserer Praxis, die Namen wurden geändert. Im Buch nennen wir unsere Klienten beim Vornamen. Im Coaching selbst siezen wir unsere Kunden.

Im folgenden kommt unser Kunde mit folgendem Thema zum Coaching: Er habe seit einiger Zeit keinen Spaß mehr an seiner Arbeit, alles sei zur Routine geworden. Das sei ihm eigentlich unverständlich, da er gerade in diesem Jahr besonders großen beruflichen Erfolg hat. Er kenne sich so nicht und sei sonst immer „ganz anders" gewesen. Irgendwie sei er nicht mehr „der Alte". Wenn wir diese Wortwahl hören, ziehen wir auf alle Fälle ein EMDR-Coaching in Betracht. Die Klienten erleben an sich eine Veränderung, die ihnen fremd vorkommt. Manche äußern sogar, daß sie sich eigentlich „so nicht kennen". Hier kann man vermuten, daß ein oder mehrere Ereignisse im Spitzenleistungsgeschehen eine „Streßspur" im Gedächtnis und Erleben hinterlassen haben, die sich nicht von allein abbaut.

Aufmerksam macht also die Schilderung eines „Vorher – Nachhers" in der eigenen Bewertung des Erlebens und Verhaltens. Demgegenüber gibt es auch andere Schilderungen, wo Klienten angaben, sie seien „schon immer etwas introvertiert" oder beispielsweise „aufbrausend" gewesen und möchten sich an diesem Punkt weiterentwickeln. Diese Menschen wollen also nicht wieder „der Alte" oder „wie vorher" werden, sondern sie begrüßen eine Veränderung ganz ausdrücklich im Sinne einer Persönlichkeitserweiterung. Klienten mit durch Leistungsstreß entstandenen Mini-Traumata hingegen wünschen sich einen Kontakt zu den eigenen Kraftquellen zurück, den sie sonst ganz selbstverständlich in ihrem Leben hatten. Sie haben das Gefühl, ihnen sei ein vertrauter Energiefluß nicht mehr zugänglich. Daher sprechen sie oft nicht von Veränderung, sondern ersehnen so etwas wie eine „Rückkehr".

Oft wird man auf der Suche nach den Mini-Traumata schnell fündig: „Eigentlich habe ich innerlich eingepackt, als unser Vorstandsvorsitzender mich öffentlich zu Unrecht kritisierte", oder: „... als ich den Wettkampf verlor, auf den ich mich zwei Jahre lang vorbereitet hatte." Manchmal tarnt sich der Auslöser aber auch in alltäglichen Vorgängen, die rein optisch wie normaler, also verkraftbarer Alltagsstreß wirken: „Der Brief von diesem Kunden hat mich damals schon geärgert – aber das kann es doch nicht sein! Ich habe im Laufe meiner Karriere schon unzählige solcher Schreiben bekommen. Oder hat es mich doch stärker getroffen, als ich dachte? Immerhin haben wir uns für diesen Auftrag total verausgabt." So explorieren sich die Klienten selbst. Tatsache ist, daß auch scheinbar „kleine" Auslöser zum Stachel im Fleisch des allgemeinen Wohlbefindens und damit auch des Leistungsvermögens werden können. Dabei wirkt der Auslöser selten für sich allein, sondern in Kombination mit verstärkenden Faktoren zusammen, wie das folgende Beispiel zeigt.

1. Eine Beispielgeschichte aus dem EMDR-Coaching

Karsten W., 45 Jahre alt, ist Geschäftsführer einer „mittelgroßen", recht erfolgreichen Presseagentur. Seit vier Jahren hat er einen besonders kreativen Mitarbeiter: Der gelernte Werbegrafiker Söhnke A. stieg mit 24 Jahren im Unternehmen als Berufsanfänger ein und entpuppte sich als äußerst kreatives Talent. Karsten W. nahm ihn unter seine Fittiche, coachte ihn und ermutigte Söhnke zu Aufgaben, die sich dieser zunächst gar nicht zutraute. Söhnke entwickelte sich schnell sowohl zum „Alleskönner" als auch zu einer wandelnden Ideenquelle. Das lag einerseits an seinen persönlichen Ressourcen, andererseits aber auch an den vielen Chancen, die ihm im Unternehmen geboten wurden.

Eines Tages gewinnt die Agentur gegen eine Anzahl von namhaften Konkurrenten durch eine überzeugende Präsentation einen großen Kunden mit einem riesigen Budget. Inmitten der rauschendsten Unternehmens-Euphorie seit Jahren legt Söhnke Karsten die Kündigung auf den Tisch: Er habe schon seit einem Jahr vorgehabt, sich zu verändern, vier Jahre im selben Unternehmen seien schon viel zu lang für eine aufsteigende Karriere. „Vielen Dank für alles, es war ein toller Start", und er dankt Karsten für die große Unterstützung.

Natürlich hätte Söhnke bei diesem neuen und arbeitsintensiven Kunden-Projekt eine tragende Rolle gespielt, denn ein wesentlicher Teil des Konzepts und der Ausführungen stammte auch von ihm. Es wird nicht einfach sein, diese Lücke im Team wieder zu füllen. Aber Karsten versucht, diesen Verlust gelassen zu nehmen: „Reisende soll man nicht aufhalten, es war doch klar, daß Söhnkes Karriere weitergehen muß, dazu gehört gerade in dieser Branche eben auch ein Unternehmenswechsel zum Ausbau der Berufserfahrung." Nach zwei Monaten aber merkt Karsten, daß ihn Söhnkes Kündigung „immer noch wurmt", er fühlt sich „verletzt und gekränkt", „kommt nicht darüber hinweg". Im Coaching sagt er: „Natürlich hat mich die Kündigung getroffen, ich war überhaupt nicht darauf vorbereitet, und irgendwie sitzt mir dieser Schreck noch in den Knochen." Gleichzeitig aber ärgert Karsten sich über seine Reaktion: „Es ist absolut albern, das darf einem Profi wie mir eigentlich nicht passieren, sich von einem Allerwelts-Vorfall wie einer Kündigung so herunterreißen zu lassen." Weil er sich seiner Meinung nach mehr als „normal" mit diesem Erlebnis beschäftigt, kommt er mit dem ausdrücklichen Wunsch zu einem EMDR-Coaching zu uns. Ein Kollege habe ihm von dieser Methode begeistert erzählt, und dies sei nun ein geeigneter Anlaß, um

EMDR kennenzulernen und gleichzeitig wieder neue und alte Leistungskräfte zu mobilisieren.

Karsten erfährt im Coaching, daß er wahrscheinlich an einer – natürlich leichten – Form von posttraumatischem Streß leidet. „Das meinte mein Kollege auch schon. Aber trifft so etwas nicht nur auf Leute zu, die ein Erdbeben, eine Entführung oder ähnliches erlebt haben?", fragt er dazu. Doch Karsten beschreibt ähnliche Einschränkungen, wie sie Betroffene von körperlich bedrohlichen Katastrophen sehr massiv schildern. Er kommt von „dem Gedanken nicht los", die Kündigungsszene hat sich in sein Gedächtnis „eingebrannt", er fühlt sich auch nach Wochen immer noch körperlich unwohl, wenn er daran denkt. Auch beobachtet er an sich eine Art Verbitterung, die sich jetzt gegen andere jüngere Mitarbeiter richtet, nach dem Motto: „Die sollen selbst sehen, wie sie zurechtkommen", und er verurteilt sich gleichzeitig für diese destruktiven Gedanken. Wir beginnen das EMDR-Coaching mit einer Einführung in das Thema *Post-Achievement-Streß* (PAS).

2. Post-Achievement-Streß (PAS): Wenn die Zeit nicht die Wunden heilt

Jeder Mensch fühlt sich tausendfach im Laufe seines Lebens „getroffen", „aufgebracht" oder „erschüttert". Nahezu täglich sind wir mal wütend, mal beleidigt oder erschrocken. Doch sind wir es auch gewohnt, daß „der Ärger verfliegt", die „Wut verraucht" oder daß wir über „den Schreck hinwegkommen". Die subjektiv als unangenehm erlebten Emotionen gelten als verarbeitet, wenn der Körper sich wieder ausgeglichen bei der Erinnerung an das auslösende Ereignis fühlt. Denken Sie dabei nur an die Lektüre der Tageszeitung: Sie lesen über Flugzeugabstürze, Krankheiten, Gewalttaten, ohne daß Ihr Herz klopft oder daß Sie Schweißausbrüche bekommen. Die sogenannten „grauen Zellen" – die Hochburg unseres Verstandes – verarbeiten die Information auf der Wahrnehmungsebene. Auf dieser Ebene bewerten wir auch die Ereignisse: Natürlich verurteilen wir einen Gewalttäter oder überlegen, ob wir für die Überschwemmungsopfer spenden wollen. Aber unsere Amygdala bleibt dabei ruhig. Dieser nahezu unscheinbare Gehirnteil – klein wie ein Mandelkern – wird von einigen Gehirnforschern sehr treffend als „Alarmglocke des Gehirns" beschrieben. Sie sorgt bei Bedrohung und Belastung für die Ausschüttung einer Extradosis an Streßhormonen. Jeder weiß, wie sich der berühmte „Adrenalinstoß" anfühlt.

Ebenfalls haben wir alle schon erlebt, daß wir nach ein paar Tagen Abstand sogar über Ärger oder Schrecksekunden lachen können. Das „Alarmglöckchen" hat sich beruhigt: Das Gefühl „verfliegt", aber die Erinnerung hat sich erhalten. So können wir im Leben eine Fülle von Lernerfahrungen machen, ohne bei jedem Schreck immer starrer oder bei jedem Ärger immer verkrampfter zu werden. Wäre das der Fall, könnten wir uns nach ein paar Jahren nicht mehr rühren vor lauter angestautem Unbehagen. In über 95 Prozent aller Fälle bauen wir in unserem Leben Streß, Angst und Aufregung durch unsere mentalen Eigenkräfte ab. Wir pendeln uns ganz von allein wieder auf unser seelisches Gleichgewicht ein bzw. kommen über „die Sache hinweg". Wir vergessen das Ereignis zwar nicht, erleben aber ganz deutlich, daß das Erlebnis der Vergangenheit angehört.

Hierbei kommt uns unsere Fähigkeit zum Zeitgefühl zugute: Die Erinnerung verblaßt, ist „verschwommen", ist „entfernt", geht einem „nicht mehr nahe". Dank dieser wohltuenden Distanz kann man sich an den Vorfall erinnern und darüber sprechen, ohne daß es noch „weh tut". Das Erlebnis ist nun „integriert", wie die Psychotherapeuten sagen, und kann sich jetzt zu einem verwertbaren Erfahrungsschatz wandeln.

Francine Shapiro vergleicht die täglichen seelischen Blessuren mit kleinen körperlichen Verletzungen, wie beispielsweise dem Dornenstich einer Rose. Der Finger blutet und tut weh, aber das wird er nicht ein Leben lang machen. Schon im Moment der Verletzung wissen wir intuitiv, daß dieser Schmerz schon nach ein, zwei Tagen vorbei und geheilt sein wird.

Und genau dieser tägliche seelische Heilprozeß läuft bei Karsten hinsichtlich der Enttäuschung mit dem jungen Kollegen nicht wie gewohnt von allein ab. Um in dem Bild der Verletzung zu bleiben, scheint der Stachel in der Wunde geblieben zu sein. Und plötzlich heilt die Zeit nicht alle Wunden – so wie sie es sonst immer tut –, sondern die Kränkung bleibt wie ein leichter, aber einschränkender seelischer Phantomschmerz bestehen, den wir im EMDR-Coaching in Abgrenzung zur schwerwiegenden posttraumatischen Belastungsstörung als Post-Achievement-Streß (PAS) bezeichnen.

3. Wie bleibt „der Schreck in den Knochen stecken" oder wie wirkt „posttraumatischer Streß"?

Im Rahmen der Schmerzforschung ist ein faszinierender Film mit dem Titel „Wie die Nervenzelle den Schmerz erlernt" entstanden. Einem Forscher des Max-Planck-Instituts, Walter Zieglgänsberger, ist es gelungen, die Reaktion einer isolierten Nervenzelle mit Hilfe einer Zackenkurve zu filmen. „Der Nerv feuert" heißt es, wenn eine Nervenzelle auf einen Reiz hin eine Reaktion zeigt. Entsprechend sieht man dann pro experimenteller Reizung der Zelle eine „Aktions-Zacke". Reizt man die Nervenzelle jedoch sehr intensiv oder zu häufig, verselbständigt sich diese Reaktion. Der Nerv fängt ein „Dauer-Feuer" an, ohne daß von außen weiter gereizt wird. Er ist ab jetzt von sich aus ohne Anlaß von außen aktiv. Mit diesen sensationellen Forschungsergebnissen konnte Walter Zieglgänsberger Phänomene wie den Phantomschmerz erklären. Hier leiden die Betroffenen unter Schmerzen von amputierten Körpergliedern. Beispielsweise tut ein Fuß weh, obwohl er nicht mehr da ist. Der Phantomschmerz war bis dahin ein Rätsel für die Medizin. Jetzt weiß man, daß die Gehirnzellen in der Lage sind, „Schmerzen zu erlernen". Sie melden Schmerzempfindungen, obwohl die Schmerzursache schon seit Jahren nicht mehr existiert. Man spricht hier von einem „Schmerzgedächtnis" oder auch von „neuronaler Plastizität". Die Neurone, also die Nervenzellen, lernen die Schmerzempfindung wie ein Lied, das einem nicht mehr aus dem Kopf geht. Man hat Schmerzen, obwohl die schmerzende Körperstelle organisch gesund bzw. geheilt ist. Diese Art von Schmerzen nennt man inzwischen neuropathische Schmerzen. Walther Zieglgänsberger geht davon aus, daß seine Forschungen auch die neuronalen Muster von Phobien und posttraumatischen Belastungsstörungen erklären können.

Den Titel des erwähnten Filmes könnte man diesen Vermutungen nach auch abwandeln in: „Wie die Nervenzelle den Schreck erlernt." Ein Schreck verursacht aufgrund einer Überschwemmung des Nervensystems mit Streßhormonen ähnlich starke Körperwahrnehmungen wie auch der Schmerz: Muskelgruppen spannen sich an, der Atem wird flach oder stockt, der Kreislauf rast, der Blick wird starr, die Gefäße verändern sich, Magen und Darm scheinen sich zu verkrampfen – so fühlt es sich zumindest an. Ist so ein Schreck für das Nervensystem zu intensiv, entgleist die natürliche Informationsverarbeitung. Der Körper bleibt chronisch erschrocken, obwohl die Gefahr schon längst wieder vorbei ist. Man könnte hier vom Phantomschmerz der Seele sprechen. Jede Emotion kann sich auf diese Weise chronisch verselbständigen, sozusagen zur „neuropathischen Emotion" werden: Angst, Wut, Rachedurst, Trauer, Ekel oder

Scham. Dann gibt es noch das subjektive Gegenteil von Emotionen, ein Nicht-Fühlen, Nicht-gerührt-Sein, was oft als besonders fremd erlebt wird.

Da man es sonst gewohnt ist, daß sich diese Emotionen von allein wieder abbauen, verursachen die „feststeckenden" Emotionen ein Gefühl von Hilflosigkeit. Bewußt oder unbewußt vertraute Verarbeitungsmöglichkeiten wie Ablenkung, Sport und Gespräche erfüllen nicht mehr ihre gewohnte Funktion des „Processing". So nennt man im EMDR den beständigen neuronalen Integrationsprozeß unserer Erlebnisse und Emotionen. Letzterer Begriff kommt vom lateinischen Wort „motio", was ganz einfach Bewegung heißt. Und genau diese Bewegung fließt beim posttraumatischen Streß oder bei PAS nicht mehr, sondern sie wird starr und bleibt somit auf der Stelle. Sogar das älteste Mittel, der Schlaf, versagt. „Schlaf doch eine Nacht drüber, morgen sieht alles ganz anders aus", sagt der Volksmund eigentlich ganz richtig. Schlaf- und Gehirnforscher sind sich heute einig, daß wir vor allem beim Träumen einen großen Teil unserer Erlebnisse „verdauen". Doch bei posttraumatischem Streß erfüllt der Traum nicht diese verarbeitende Funktion. Wie bei einer CD mit einem Kratzer bleibt das „Processing" auf einer bestimmten Stelle hängen und kommt hier nicht weiter. Diese Traumblockierung führt nicht zur wohltuenden Auflösung, sondern zum quälenden Alptraum, der die Betroffenen meist aus dem Schlaf aufschrecken läßt.

Über die exakten neuronalen Auswirkungen von Traumata weiß man heute noch zu wenig, um eine allgemeingültige Erklärung abgeben zu können. Man kann nur Puzzlesteine sammeln und diese immer wieder in ein großes Gesamtbild einpassen. Dazu gehören beispielsweise auch Aufnahmen der Gehirnfunktion bei Phobikern – also von Menschen, die chronische, heftige Angstreaktionen in Kontakt mit spezifischen Situationen, Gegenständen oder Tieren wie beispielsweise einer Maus haben. Diese Aufnahmen zeigen mit bunten Farben die Aktivitäten des erlebenden und reagierenden Gehirns. In dem Film mit dem dramatischen Titel „Phobia – die nackte Angst" – gesendet vom Sender Vox in der Reihe „BBC Exklusiv" – kann man eindrucksvolle Bilder sehen. Sie zeigen, daß bei diesen Personen die Amygdala, also die Gehirn-Alarmglocke „schrillt", wenn man ihnen Bilder zeigt, die jeder Mensch als belastend oder ängstigend einstufen würde, wie etwa eine unheimliche Fratze aus einem Horrorfilm. Kurz nach dieser Darbietung „erlischt" die Amygdala jedoch sofort wieder.

Zeigt man ihnen dann aber ein Bild mit dem Thema ihrer Phobie, leuchten die Amygdala und der linke Hippocampus gleichzeitig auf. Der Hippocampus ist eine mit unserem Gedächtnis eng verknüpfte Gehirnregion. Interessanterweise bleibt dieser Gedächtnisspeicher der Gefühle bei den „allgemein schrecklichen" Bildern wie der Horrorfratze quasi stumm. Im Gegensatz dazu haben sich aber bei einer Phobie offensichtlich Alarmglocke und Gefühlsgedächtnis zu einem zu fest vernetzten Team zusammengefunden. Man kann sich nicht mehr an eine Maus erinnern oder diese wahrnehmen, ohne daß nicht auf der Stelle auch die Alarmglocke schrillt und eine Überdosis an Streßhormonen ausgeschüttet wird. Erschwerend kommt hinzu, daß all unsere Sinneswahrnehmungen immer die Amygdala passieren müssen, bevor sie an den sogenannten Cortex, also an unser „Denkhirn" weitergeleitet werden. Dieses Weiterleiten dauert eine halbe bis dreiviertel Sekunde. Deswegen setzt auch jeder Schreck eine halbe bis dreiviertel Sekunde früher als der Verstand ein. Und ist der Schreck einmal gestartet, kann der „klare Verstand" seine klärende Wirkung leider nicht mehr entfalten. „Denn leider" – so sagte der Bremer Gehirnforscher G. Roth im Rahmen eines Vortrags zu diesem Thema – „leitet zwar die Amygdala an den Cortex weiter, aber umgekehrt läßt sie sich vom Cortex nichts sagen bzw. nur sehr ungern etwas sagen."

Viele dieser Forschungsergebnisse passen interessanterweise auch zu Befunden, die man bei schwer traumatisierten Menschen erheben konnte. Bei Kriegsveteranen oder Menschen mit Gewalt- und Mißbrauchserlebnissen konnte man beispielsweise eine deutliche Verkleinerung des linken Hippocampus gegenüber nicht-traumatisierten Menschen feststellen – als sei dieser Bereich durch die ständige Verbindung mit dem Alarmglockensystem im Laufe der Jahre erschöpft worden. Und außerdem scheint einem schwer traumatisierten Menschen der klare Verstand gar nichts zu nützen: Er hat immer weiter Angst, obwohl er genau weiß, daß er keine Angst mehr zu haben bräuchte. Aber wie dies alles genau zusammenhängt, wird man wohl erst in ein paar Jahren erfahren.

Wir geben diese Hinweise auch an unsere Coaching-Klienten weiter, wobei wir selbstverständlich deren Themen gegen die Probleme Schwersttraumatisierter abgrenzen. Dennoch haben diese Informationen für viele Menschen mit Mini-Traumata nicht nur einen erklärenden, sondern auch einen sehr entlastenden Effekt. „Diese Informationen bedeuten also, daß es ganz normal ist, wenn ich nicht aus eigener Kraft über diesen Knacks hinwegkomme." Dies ist eine ganz wichtige Ausage. Seit Jahren gehen wir mit Sätzen wie „Man muß nur wollen und dann kann man Berge versetzen" sehr vorsichtig um. Das ist so, als würde man sagen: „Man muß nur wollen und dann schient und gipst sich Ihr angebrochenes Bein ganz von allein." Menschen mit den hier beschriebenen Erschütterungen, „Knacksen" oder Verletzungen bedürfen zwar keiner Therapie, aber doch eines Coachings, um möglichst schnell wieder ins „Processing" der Ereignisse und somit wieder in den Fluß ihrer Gefühle und Ressourcen zu kommen.

Wer dies für sich nicht akzeptiert, kann sich zusätzlich zur Streßeinschränkung noch ein drückendes Minderwertigkeitsgefühl züchten. Denn wenn es nun wirklich nur am Wollen liegt – warum komme ich dann über meine Streßblockade nicht hinweg? Antwort: Weil ich nicht richtig will oder mich sonstwie dumm anstelle. Man schämt sich über seine „Anstellerei" so wie Karsten, der sich selbst zum Coaching-Beginn als „Mimose" bezeichnete. Da ist der Weg zum Versager-Gefühl nicht mehr weit. Stellen Sie sich einmal vor, jemand käme zu Ihnen mit folgender Bitte: „Ich habe gesehen, daß da draußen ein Hubschrauber genau vor meinem Auto gelandet ist. Leider paßt mir das gar nicht, denn ich muß gleich schnell wegfahren. Könnten Sie den mal eben für mich ein Stückchen weiterfliegen? Der Pilot ist nämlich nirgends zu sehen, und ich muß jetzt ein wichtiges Telefonat führen." Einerseits könnten Sie antworten: „Dann machen Sie's doch selbst", aber als höflicher Mensch entgegen Sie vielleicht auch: „Tut mir leid, ich kann gar keine Hubschrauber fliegen!" Nun entgegnet Ihr Gesprächspartner: „So ein Quatsch! Sie müssen es nur wirklich wollen!" In diesem Kontext würde jeder ohne das geringste Versagergefühl antworten: „Am Wollen liegt es nicht, ich habe einfach das Hubschrauberfliegen nicht erlernt, ich weiß nicht, wie das funktioniert. Mir fehlt das Know-how."

Man ahnt gar nicht, bei wie vielen Menschen eine Veränderung oder Persönlichkeitsentfaltung nicht am mangelnden Wollen oder gar am „wirklich Wollen" scheitert. Das Manko besteht vielmehr im ungenügenden Können und „Wissen wie" und in nicht ausreichenden Kenntnissen von mentalen Problem- und Erfolgsstrukturen. Wollen tun alle Klienten, die uns aufsuchen – sonst hätten sie sich ja schließlich keinen Termin gemacht. Und weil Know-how bei jedem effektiven Lern- oder gar Veränderungsprozeß eine tragende Rolle spielt, haben wir diesem Aspekt nach der Vorstellung von EMDR ein extra Kapitel gewidmet mit der These: Know-how ist schon der halbe Erfolg.

4. EMDR und das „innere Dornröschen-Schloß"

Das Märchen Dornröschen von den Gebrüdern Grimm ist eine wunderbare Metapher für posttraumatischen Streß. Da gibt es eine lebendige, blühende Landschaft mit Dörfern und Städten. Doch mittendrin existiert ein verwunschenes Schloß, welches von einer dichten Dornenhecke umwuchert ist. In diesem Schloß ist die Zeit stehen geblieben. Denn einst hat eine böse Fee das ganze Schloß samt seinen Bewohnern in einen hundertjährigen Schlaf versetzt. Alles verharrt dort wie genau in jener Sekunde, als Dornröschen sich mit einer Spindel der Fee verletzte – sie stach sich damit in den Finger. Im Rahmen der erstarrten Lebendigkeit bleibt sogar der Koch, der gerade dem Küchenjungen eine Ohrfeige geben will, mit erhobener Hand mitten in der Bewegung stehen. Der tägliche, fließende Tagesablauf ist zum ewigen Standbild geworden. Es findet keinerlei Prozeß und somit auch kein „Processing" mehr statt. Im Laufe der Jahrzehnte versuchen viele Prinzen, durch die Dornenhecken zu dem schönen Dornröschen durchzudringen, doch sie bleiben alle in den Dornen der das Schloß umgebenden Hecke hängen.

Bei Menschen mit Traumata steht dieses mit der Verletzung erstarrte Schloß in der Seelenlandschaft bzw. in der Landschaft der billionenfach verknüpften Gehirnzellen. Überall pulsiert Leben, Reagieren und Weiterentwicklung – nur nicht in diesem dunklen Schloß der zum Standbild gewordenen Verwundung. Ebenso stehen die meisten Personen mit Mini-Traumata in den meisten Lebensbereichen in einem ressourcevollen Kontakt mit ihren Möglichkeiten und Talenten – solange sie nicht in Kontakt mit der inneren, das Trauma isolierenden „Dornenhecke" geraten. Dann bleiben sie „hängen" und kommen nicht mehr weiter.

Wenn die EMDR-Intervention wirkt, öffnet sich die Dornenhecke, und es kommt wieder Leben in das Schloß. Das Processing der körpereigenen seelischen Heilprozesse fängt an zu fließen und damit auch die Kreativität, die Kraftquellen und die Gefühle. Und mit dem Fluß der Gefühle verändern sich diese durch die Intervention rasch in eine wohltuende Richtung. Allerdings war da noch die Sache mit der Ohrfeige, welche der Koch dem Küchenjungen geben wollte. Das macht er natürlich auch sofort, als der Bann gebrochen ist, und der Küchenjunge schreit noch einmal laut „Aua". Nun versetzen Sie sich einmal in den Küchenjungen. Wenn Sie die Wahl hätten: Würden Sie lieber nochmals eine Ohrfeige riskieren und dafür wieder am Leben teilnehmen oder möchten Sie weiterhin jahrzehntelang in Starrheit verweilen – nur um dem kurzen „Backs" zu entgehen?

Mit solchen und ähnlichen Metaphern und Analogien bereiten wir unsere Klienten darauf vor, daß EMDR ein sehr gefühlsbetontes Verfahren ist. Verschiedenste Emotionen können in rascher Folge intensiv auftauchen und wieder „verfliegen". Oft kommen Gefühle in Fluß, die während des traumatisierenden Ereignisses eigentlich angemessen gewesen wären, aber gerade im Spitzenleistungsgeschehen nicht ausgelebt wurden. So kann sich nach einer Beleidigung ein Wut- und Rachegefühl chronisch „festsetzen". Klingt dieses durch EMDR ab, taucht ein paar Minuten danach vielleicht plötzlich eine Traurigkeit auf, welche man vorher nie gefühlt hat, die aber angesichts der Kränkung ebenfalls eine „Psycho-Logik" hat. Wie bei der Küchenjungen-Ohrfeige kommt die erstarrte Emotion in Fluß und kann einen während der Intervention „treffen". Viele Klienten sind sehr überrascht von der Vielzahl der Gefühle und der schnellen Abfolge des Gefühls-Erlebens während des Verfahrens. Ebenso intensiv können dann auch die positiven Gefühle sein, die am Schluß des Intervention auftauchen: Erleichterung, Freude oder ein Gefühl von Kompetenz und Stärke.

Sind die Klienten auf das Küchenjungen-Phänomen gut vorbereitet, können sie einerseits das Gefühl durchleben und es gleichzeitig auf einer mentalen Meta-Ebene in seiner Bedeutung richtig einordnen. Sie wissen dann genau, daß die Gefühlswallung nichts mit dem Hier und Jetzt zu tun hat, sondern zur Bewältigung des Mini-Traumas dazugehört. Vergleichen Sie diese Wahrnehmung auf der Meta-Ebene einmal mit einem ganz normalen Schluckauf. Das ist eigentlich eine recht heftige Reaktion: Die Luft bleibt weg, man gibt unkontrollierte Laute von sich und der Oberkörper wird von einem Krampf geschüttelt. Trotz dieser akut erlebten Dramatik können die meisten Betroffenen sogar im selben Moment Schluckauf haben und über dieses physiologische Phänomen lachen. Unsere Klienten lachen zwar nicht, aber sie bleiben seelisch gelassen, während der Körper die Emotion im Super-Zeitraffer durchlebt. Tatsächlich dauert dieser „Gefühls-Zauber" – so drückte sich neulich eine Klientin aus – pro emotionaler Welle meist nur eine Minute, oft noch kürzer.

Zum Schluß wird das Körpergefühl immer als sehr angenehm empfunden. Oft fühlt man sich nicht nur erleichtert und entspannt, sondern auch müde oder angenehm erschöpft. Viele Klienten müssen häufiger gähnen. Auch hierzu gibt es eine Metapher: Wenn Sie schwere Einkaufstüten tragen, reißen Sie sich so lange zusammen, bis Sie mit der Last in Ihrer Wohnung angekommen sind. Dann stellen Sie die Tüten ab. Als nächstes lassen Sie sich in den nächsten Sessel sinken, strecken „alle viere" von sich, atmen ein paarmal tief durch und sagen: ‚So, das wäre geschafft!' Gleichzeitig seufzt man aber auch: ‚Puh, war das anstrengend.' Erst wenn die Last abgelegt ist, erlaubt man sich also nachzuspüren, wie erschöpfend der Kraftaufwand war. Das gleiche gilt für seelische Lasten. Daher raten wir unseren Klienten immer dazu, nach einer EMDR-Sitzung noch Zeit für sich zu haben, möglichst früh schlafen zu gehen oder sonstwie die „Seele baumeln" zu lassen.

Diese hier beschriebenen Effekte führen insgesamt dazu, daß unsere Klienten mit jeder Sitzung ein wachsendes Vertrauen in die Methode gewinnen und sich an immer mehr Themen herantrauen, die sie bis dahin nicht anrühren mochten in der Befürchtung, gefühlsmäßig wieder in der „Trauma-Dornenhecke" hängenzubleiben. Eine Klientin kam zur dritten Sitzung EMDR-Coaching sogar mit einer kleinen Wunschliste: „Das wollte ich mir jetzt auch noch alles wegwinken lassen." Diese Wortwahl mag so manchen erfahrenen Psychotherapeuten alarmieren – zu Recht. Denn einfach „wegwinken" kann man die belastenden Erlebnisse, wie Sie sich schon nach diesen knappen Ausführungen vorstellen können, erst nach einer wirklich sorgfältigen Vorbereitung der Klienten. Das gilt für psychisch stabile Coaching-Klienten ganz genauso wie für Patienten mit posttraumatischen Belastungsstörungen. Erst dann können sich die chronisch erstarrten und quälenden Gefühle durch die sehr einfach aussehende Intervention wieder auflösen – ganz im Sinne einer Erlösung vom bösen „Trauma-Zauber". Zur Vorbereitung gehören noch weitere Punkte, wie beispielsweise die Etablierung eines inneren sicheren Ortes. Das beschreiben wir dann ausführlich im Kapitel „Die EMDR-Intervention", wo die einzelnen Phasen des gesamten Prozesses im Überblick gezeigt werden. Doch zunächst sind Sie als Leser sicher neugierig auf eine „Live-Szene" aus dem EMDR.

5. Was passiert in einer EMDR-Sitzung?

Nach der entsprechenden Einführung baten wir Karsten, an die Kündigungssituation mit Söhnke zu denken.

Coach: „Wenn Sie sich an dieses Ereignis erinnern – welches ist noch heute für Sie der belastendste Moment?"

Karsten: „Ich sehe Söhnke vor mir sitzen. Aber anstatt daß er irgend etwas über den tollen Erfolg sagt, erzählt er mir, daß er kündigt. Am meisten stört mich sein freundliches Gesicht, das nicht zum Inhalt der Mitteilung paßt."

Coach: „Wie kommen Sie sich dabei vor?"

Karsten: „Irgendwie verraten und vor allem: wie ein Idiot."

Coach: „Was und wie würden Sie lieber über sich denken?"

Karsten: „Ich bin kompetent, ich habe alles richtig gemacht. Aber das Idioten-Gefühl ist einfach stärker."

Coach: „Angenommen, man könnte messen, wie sehr wir einer Selbstaussage glauben können. Dann bedeutet die Zahl 1: ‚Toller Satz, aber ich kann ihn leider überhaupt nicht glauben. Er trifft einfach nicht mein Empfinden.' Die Zahl 7 sagt aus: ‚Stimmt genau, dieser Satz trifft hundertprozentig auf meine Selbsteinschätzung zu.' Wie würden Sie momenten den Satz »Ich bin kompetent« bezüglich Ihrer Erinnerung mit Söhnke einschätzen?"

Karsten: „Bei 1, denn er spiegelt – wie gesagt – überhaupt nicht meine Gefühlslage wider."

Coach: „Denken Sie jetzt bitte an die belastende Kündigungsszene. Welche Emotion ist dabei jetzt im Moment im Vordergrund?"

Karsten: „Ich fühle mich enttäuscht und gedemütigt."

Coach: „Was belastet Sie mehr?"

Karsten: „Wie gesagt, es ist mir peinlich, daß ich so viel in diesen Menschen investiert und so naiv irgendeine besondere Dankbarkeit erwartet habe. Das ist das Schlimmste. Die Enttäuschung ist zwar da, steht aber als Gefühl nicht so sehr im Vordergrund wie das Peinlichkeitsgefühl."

Coach: „Wie stark fühlen Sie sich jetzt bei dem Gedanken an diese Szene in Ihrem Wohlgefühl beeinträchtigt? Schätzen Sie bitte Ihr subjektives Unbehagen auf einer Minusskala von 0 bis -10 ein."

Karsten: „Es wurmt mich immer noch sehr, ich sage -8."

Coach: „Bitte fühlen Sie jetzt ganz genau in Ihren Körper hinein. Wir nennen das den »Bodyscan«. Wo und wie genau »wurmt« Sie das Unbehagen beim Gedanken an die Szene?"

Karsten: „Mir dreht sich regelrecht der Magen um. Nicht wie eine Übelkeit, sondern mehr wie ein Krampfen. Eben der Schlag in die Magengrube."

Erst nach dieser ausführlichen Exploration beginnt das Winken, wofür die EMDR-Methode so bekannt ist. Tatsächlich winkt der Coach vor den Augen des Klienten, der mit den Blicken entsprechend folgt, im Sekundentakt horizontal hin und her: eine halbe Sekunde hin, eine halbe zurück. Die so induzierten schnellen Augenbewegungen erinnern an die sogenannte REM-Phase (Rapid Eye Movement) während der Traumphase im Schlaf. Auch auf dieses Winken müssen die Klienten gut vorbereitet werden. Die meisten haben zunächst das Gefühl, daß der Coach zu schnell winkt. Das hat einen guten Grund. Denn die meisten Emotionen, welche wir subjektiv als unangenehm einschätzen, gehen mit einem hohen Muskeltonus an den Augäpfeln einher.

Denken Sie dabei an die Nahaufnahmen des vor Schreck geweiteten Blicks von geschockten Personen in einem Thriller. Oder an den Ausspruch: „Der starrt vor Wut." Gemeint ist damit immer der „starre Blick". Auch sich ekelnde Menschen zeigen keine Augenbewegung mehr. Bei traurigen oder depressiven Menschen sieht man ebenfalls nur minimale Blickbewegungen. Hier ist der Grund jedoch ein zu niedriger Muskeltonus. Mit dem Winken muß nun der zu hohe Muskeltonus „gelockert" oder der zu niedrige belebt werden. Man sieht als Anwender deutlich, daß die Augen des Klienten zunächst den Fingerbewegungen ruckartig oder träge folgen und daß erst nach längerem „Winken" die entsprechende Bewegung fließend wird. Demnach muß die

Bewegung schnell genug sein, um das „Eye Movement" in Gang zu bringen, und langsam genug, damit die Augen des Klienten im Kontakt mit dem „Winke-Takt" bleiben.

Wenn wir dieses Fließen beobachten, hören wir mit der ersten Winksequenz nach ungefähr zwanzig Hin- und Herbewegungen auf. Die meisten Klienten atmen nach diesen ersten 30 Sekunden Winken tief durch. Das ist ein erstes Zeichen dafür, daß die allgemeine Streßaktivierung sich in eine Entspannungsreaktion verwandelt. Der Coach läßt jetzt die Hand sinken.

Coach: „Denken Sie nun wieder an die Szene. Fühlen Sie in Ihren Magen hinein. Was nehmen Sie jetzt wahr?"

Karsten: „Es krampft nicht mehr so, fühlt sich viel entspannter an."

Coach: „Fühlen Sie sich noch so gedemütigt?"

Karsten: „Nein, aber ich werde total sauer."

Coach: „Wie und wo fühlen Sie das?"

Karsten: „In den Armen, vor allem in den Händen." (Er ballt die Fäuste.)

Coach: „Denken Sie wieder an die Szene und nehmen Sie wahr, wie die Wut in den Händen sitzt."

Wir erklären den Klienten zusätzlich, daß man nur vor und nach der Winksequenz vollständig konzentriert an die Trauma-Szene und die damit verknüpften Emotionen und Körpersensationen zu denken vermag. Es ist völlig klar, daß während des Winkens die Trauma-Szene weniger intensiv fokussiert werden kann, da das Winken auch wie eine Ablenkung wirkt. Nach einer weiteren Abfolge von zwanzig Winkbewegungen atmet Karsten wieder tief durch. Eine einzelne Winksequenz wie diese nennen wir übrigens ein „Set".

Coach: „Was ist jetzt? Was macht die Wut?"

Karsten: „Ist völlig weg. Gleichzeitig geht mir der Satz durch den Kopf: »Laß dir nichts anmerken.«"

Coach: „Wie fühlt es sich an, wenn man sich nichts anmerken läßt?"

Karsten: „Es ist, als würde die Körpertemperatur heruntergefahren."

Coach: „Und wo im Körper fühlt sich das besonders ‚cool' an?"

Karsten: „Im Bauch."

Coach: „Bleiben Sie bei dem Satz, denken Sie an die Szene und fühlen Sie in den Bauch hinein."

An dieser Stelle scheint der Prozeß plötzlich in einer sich wiederholenden Schleife hängenzubleiben, die Amerikaner sprechen hier von einem „Loop". Karstens Empfindungen pendeln von Set zu Set immer zwischen Wut und „Cool-Bleiben" hin und her. An dieser Stelle geht der Coach dann zu einer verbalen Intervention über.

Coach: „Warum dürfen Sie sich denn Ihre Gefühle nicht anmerken lassen?"

Karsten: „Das ist doch nur Selbstmitleid!"

Coach: „Was ist daran verkehrt? Glauben Sie nicht, daß jeder in Ihrer Situation getroffen gewesen wäre?"

Karsten: „Meinen Sie? Aber man darf doch kein Selbstmitleid haben!?"

Coach: „Und wenn es aber völlig berechtigt und angemessen ist? Schließlich sind Sie nicht ärgerlich, weil Ihre Krawatte zu wenig Tupfer hat. Dann wäre Selbstmitleid in der Tat lächerlich. Sie fühlten sich einfach furchtbar enttäuscht und hatten dabei ganz normale und völlig »ehrenwerte« Gefühle. (*Karsten muß etwas schmunzeln.*) Warum sollte man so etwas nicht registrieren dürfen? Denken Sie einmal darüber nach und folgen Sie den Fingerbewegungen. Wieder folgt ein Set.

Sie sehen hier deutlich, daß EMDR nicht nur „reines" Winken ist. Die eben geschilderte Sequenz – sie dauerte nur 30 Sekunden – nennt man „kognitives Einweben". Hierbei macht der Coach eine kurze verbale Intervention, welche der Wahrnehmungswelt des Klienten gezielt einen erweiternden Aspekt hinzufügt und somit auch seinen Bewertungsrahmen vergrößert. (Anwender des NLP nennen diese gezielte Veränderung des Wahrnehmungskontextes „Reframing": das Erlebnis erhält einen neuen oder größeren Rahmen, der dann auch den emotionalen Erlebnisinhalt positiv stimuliert.) Macht die Bemerkung den Klienten offensichtlich nachdenklich, wird sofort weitergewunken. Das beschleunigt die Integration der neuen Information in das „Processing". In der Einführung wird der Klient bereits darauf vorbereitet, daß der Coach im Prozeß möglichst wenig sagt und daß bei einer verbalen Sequenz ebenfalls möglichst schnell wieder weitergewunken wird. Die Technik des kognitiven Einwebens verlangt vom Coach eine hohe Kompetenz im Erkennen ressourcenhemmender Beliefs und in der Formulierung von erlaubenden und ich-stärkenden Beliefs und Glaubenssätzen. Da dieser Teil der EMDR-Arbeit für die Ressourcen-Aktivierung so immens wichtig ist, haben wir ihm später ein Extra-Kapitel gewidmet: „Konstruktiver Umgang mit Glaubenssätzen".

Mitten in diesem Winke-Set schaut Karsten auf einmal wie jemand, der eine überraschende Eingebung hat. Er macht das Stop-Zeichen, der Coach hört auf zu winken. In der Einführung wird als Stop-Zeichen meist die erhobene Hand abgesprochen. Zusätzlich vereinbaren wir noch ein Zeichen für „Weiterwinken", denn viele EMDR-erfahrene Klienten spüren intuitiv, wieviel „Winke-Energie" sie benötigen, um über einen wichtigen Punkt hinwegzukommen oder um das Wohlgefühl ausreichend zu steigern.

Coach: „Was ist jetzt?"

Karsten: „Ich sage es ihm einfach."

Coach: „Wie meinen Sie das?"

Karsten: „Ich hab ihm eben in Gedanken ganz ruhig in's Gesicht gesagt: ‚Söhnke, es ist natürlich dein gutes Recht zu kündigen, aber für mich ist das jetzt im Moment ein ziemlicher Schlag. Das muß ich erstmal verdauen. Ich möchte das Gespräch daher lieber morgen fortsetzen, dann habe ich mich wieder beruhigt.'"

Coach (begibt sich mit in den ‚Film' hinein): „Und wie reagiert er darauf?"

Karsten (lacht): „Das blöde Grinsen hört endlich auf und ihm ist die Situation jetzt peinlich."

Coach: „Wie geht es Ihnen mit dieser Vorstellung?"

Karsten: „Erleichtert."

Coach: „Wo im Körper spüren Sie die Erleichterung am deutlichsten?"

Karsten: „In den Schultern und im Brustkorb, am meisten im Brustkorb. Ich kann jetzt tief durchatmen."

Karsten setzt sich gerade hin und dehnt den Brustkorb. Dabei hört man zweimal ein leises Knacken von sich lösenden Blockaden im Nacken-Rückenbereich. Auf dieses Phänomen gehen wir ausführlich im nächsten Kapitel ein.

Coach: „Spüren Sie das angenehme Gefühl und folgen Sie wieder der Fingerbewegung." (*Es folgt ein weiteres Set.*)

Es hat sich gezeigt, daß die EMDR-Intervention jede subjektive Befindlichkeit in ein positives und angenehmes Erleben führt. Das gilt nicht nur für unangenehme, sondern auch für angenehme körperlich-seelische Zustände, welche durch die Intervention deutlich verstärkt werden können.

Karsten: „Das gute Gefühl breitet sich jetzt im ganzen Körper aus."

Coach: „Bitte denken Sie wieder an die Situation. Wie ist das jetzt?"

Karsten: „Das gute Gefühl bleibt und plötzlich denke ich ganz anders über Söhnke." (*Er schaut gelassen auf die erinnerte Szene, mit dem ruhigen Gesichtsausdruck eines „sinnierenden Betrachters".*)

Coach: „Können Sie das in Worte fassen?"

Karsten: „Ich glaube, Söhnke war gar nicht cool, sondern einfach unsicher. Es war ihm bestimmt selbst unangenehm, mir zu sagen, daß er geht. Anstatt das zu zeigen, hat er mit seiner zur Schau gestellten Lässigkeit einfach zu dick aufgetragen. Er hat sich einfach ungeschickt benommen – na ja, er ist ja auch noch ziemlich jung. Die ganze Szene macht mir überhaupt keine Probleme mehr."

Hier ist Karsten genau an dem emotionalen Niveau angekommen, welches er sich die Wochen davor stets gewünscht hatte. Er wollte mit dem inneren Abstand der erfahrenen Führungskraft über die Szene nachdenken und nicht „empfindlich wie eine Mimose" sein. Doch dieser über den Verstand gesteuerte Wunsch fand keinen Weg in Karstens Gefühlswelt. Erst die EMDR-Intervention sorgte für eine spürbare Vernetzung zwischen Wunsch und Emotion bzw. zwischen Cortex und Amygdala.

Coach: „Denken Sie jetzt wieder an die Szene und vergegenwärtigen Sie sich dabei den Satz: »Ich bin kompetent.« Wie sehr können Sie diesen Satz jetzt glauben?"

Karsten: „Er fühlt sich jetzt richtig an. Ich könnte ihn noch ergänzen in: »Ich kann kompetent mit meinen Gefühlen umgehen.« Hinzu kommt noch der Gedanke: »Meine Gefühle sind ok«, was ich auch wichtig finde."

Coach: „Wie wirkt der Satz: »Ich bin ein Idiot«?"

Karsten: „Der ist völlig falsch, trifft überhaupt nicht zu."

Coach: „Denken Sie zum Abschluß nochmals an die ursprüngliche Szene – soweit es Ihnen möglich ist. Vorhin war Ihre Einschätzung auf der Minus-Seite der Skala bei -8. Wie empfinden Sie jetzt, wenn Sie an die Szene denken?"

Karsten: „Neutral, also bei 0. Aber wenn ich mich jetzt weiter konzentriere, fühle ich mich sogar ganz gut, so bei +2 Punkten. Söhnke hat wirklich viel durch mich gelernt und darauf kann ich auch stolz sein. Ich bin ein guter Coach – finde ich." (*Er schlägt zur Unterstützung der Aussage mit der flachen Hand recht dynamisch auf die Stuhllehne und wirkt dabei sehr kraftvoll. Danach wird der positive Effekt durch ein weiteres Set stabilisiert, indem Karsten an die Szene in Verbindung mit dem Satz „Ich bin kompetent" denkt.*)

Übrigens nennen wir den Plus-Bereich der Befindlichkeitsskala öfter auch die „Wellness-Skala". Manchmal können zusätzliche Sets sogar noch eine weitere Intensivierung des positiven Gesamtzustandes bewirken.

Die hier geschilderte Intervention dauerte 45 Minuten, die Einführung davor ebenso lange. Mit der Nachbesprechung kamen wir dann auf zwei Zeitstunden.

Karsten hatte schon mit dieser Sitzung sein Ziel erreicht. Er fühlte sich im Unternehmen wieder motiviert und ressourcevoll und konnte vor allen Dingen wieder offen und humorvoll mit seinen Mitarbeitern umgehen. In der Coaching-Sitzung eine Woche danach tauchte dann aber noch ein weiteres Thema aus seiner Lebensgeschichte auf, welche ein neues Licht auf die Auslöser-Szene mit dem jungen Kollegen Söhnke warf. Diese „Fortsetzung" beschreiben wir dann unter der Überschrift: „Welche Rolle spielen Vorerfahrungen bei Post-Achievement-Streß?" Doch zuvor lernen Sie noch weitere Einzelheiten der Methode kennen.

6. Welche Effekte hat das Winken?

Der gesamte EMDR-Prozeß läuft ohne inhaltliche Anregungen des Coaches ab. Eine Ausnahme bildet – wie zuvor geschildert – das „kognitive Einweben", wobei der Coach die Persönlichkeitsentfaltung und die Lebensqualität einschränkende Beliefs durch gedankliche Inspirationen und Reframings erweitern oder gar auflösen hilft. Bei Karsten handelte es sich um das unbewußte Gesetz: „Ich darf kein Selbstmitleid haben." Viele Leser mag dieser Satz an Sätze wie: „Ein Indianer kennt keinen Schmerz" oder: „Ein Junge weint nicht" erinnern.

Alle anderen Prozesse beruhen auf der durch die Intervention aktivierten Kreativität des Klienten. Beispielsweise würde der Coach bei Karstens Prozeß nicht sagen: „Was hätten Sie denn Söhnke in dieser Situation sagen können?" Der Einfall zu dem zielorientierten Dialog entwickelte sich vollständig allein aus Karstens bereits vorhandenem Ideen-Pool an Lösungswegen. Deswegen zählt EMDR unserem Verständnis nach zu den humanistischen Persönlichkeitsmodellen, die sinngemäß mit folgender Prämisse arbeiten: „Jeder Mensch verfügt über eigene Ressourcen, die ihm das Erreichen seiner Ziele ermöglichen – sie müssen nur aktiviert werden." Die durch das EMDR freigesetzten mentalen Energien können sich in verschiedensten Effekten ausdrücken, welche der Coach nicht vorschlägt, sondern die der Klient ganz aus sich heraus entwickelt. Sie „passieren" im Processing, finden plötzlich – oft auch zur Überraschung des Klienten – statt. „Das ist ja wie ‚Kopfkino'", beschrieb einer unserer Klienten dieses Phänomen. „Ich sitze in der ersten Reihe und bestaune meine eigene positive Entwicklung."

Die Erinnerung verblaßt

Bei Post-Achievement-Streß (PAS) leiden fast alle Betroffenen unter immer wiederkehrenden inneren Bildern der kränkenden oder bedrohlichen Erinnerung. „Das geht mir nicht mehr aus dem Kopf" heißt es dann oder: „Ich werde es nicht mehr los." Der Fachausdruck für dieses Phänomen heißt „intrinsische Bilder" oder „intrinsische Erinnerung": Die Bilder drängen sich dem mentalen Bewußtseins-Bildschirm auf, ohne daß der Betroffene Kontrolle darüber ausüben kann, man fühlt sich ihnen regelrecht ausgeliefert. Die Macht dieser Bilder entsteht durch ihre Qualität: Sie sind deutlich, nah, meist farbig, laut. Oft sind es nicht mal Bilder, sondern dreidimensionale innere

Darstellungen. Das Gehirn bewirkt also durch die Intensität der inneren Bildqualität, als sei die Szene keine Erinnerung, sondern ein Ereignis, das gerade heute passiert.

Beim Winken ergeben sich dann – oft in Sekundenschnelle – folgende Veränderungen:

→ Das Bild wird blaß und eindimensional.
→ Das Bild „flackert" oder „wackelt", indem es sich aus- und einblendet.
→ Das Bild rückt von der Person fort, so daß man sich nur noch „entfernt" erinnert.
→ Die gesamte Szene verkleinert sich.
→ Die Stimmen, Klänge und Geräusche von „lauten Bildern" werden leise oder verstummen.

Durch diese Veränderungen findet der Klient spontan sein Zeitgefühl zurück. Viele formulieren Sätze wie: „Es ist vorbei", oder: „Das ist jetzt Schnee von gestern." Einige denken plötzlich an heute oder morgen, manchmal an ganz triviale Dinge: „Eben fiel mir gerade ein, daß ich nachher noch Brot kaufen will", sagte eine Klientin und fügte hinzu: „Wieso denke ich jetzt an so etwas?" Es scheint so, als komme die stehengebliebene Zeit wieder in Fluß. Die mentalen Energien können sich wieder mit dem Leben im „Hier und Jetzt" beschäftigen.

Change History oder die Neugestaltung des erlebten Inhalts

Hier entwickelt die erinnerte Szene inhaltlich eine neue Psychodynamik, indem das Erlebnis in seinem Ablauf weiter- oder neu durchgespielt wird. Karsten stellte sich beispielsweise vor, wie er Söhnke eine zufriedenstellende Antwort gibt. Andere Klienten beschreiben, daß sie sich plötzlich umdrehen und die Situation verlassen, oder daß sie statt betroffen gelassen oder gar humorvoll reagieren. Manchmal wurde es auch schon handfest: „Ich hau dem Schwein ein's in die Fresse." Natürlich ändern solche Vorstellungen nichts an der Tatsache, daß das Erlebnis real in seiner ursprünglichen Version stattgefunden hat. Aber man kann plötzlich Verhaltensalternativen imaginieren, welche in der Originalszene aufgrund innerer Blockaden nicht zur Verfügung gestanden haben.

Die aufgehobene Blockade setzt nun in der Vorstellung Ressourcen frei, welche dann in einer nächsten, ähnlichen Situation tatsächlich im Verhalten spontan gezeigt werden können. So berichtete auch Karsten in der nächsten Sitzung, daß es ihm jetzt generell leichter fällt, auf eine angemessene Weise seine persönliche Betroffenheit zu zeigen, wenn ein Gegenüber seine Gefühlsgrenzen überschreitet. Das Beispiel mit dem „in die Fresse hauen" hat übrigens selten etwas mit realer körperlicher Aggression zu tun. Vielmehr symbolisieren solche vorgestellten Szenen die Änderung von fatalen unbewußten Glaubenssätzen wie: „Ich darf mich nicht wehren" oder gar: „Es ist meine Schuld, daß mir das passiert." Neue Beliefs könnten dann folgendermaßen lauten: „Ich bin es wert, gut behandelt zu werden." Das Verhaltensergebnis kann dann durchaus eine neue „Schlagfertigkeit" sein – natürlich im verbalen Bereich.

Tagtraum-Symbolik

Ähnlich wie bei Change History wird die Erinnerung der Trauma-Szene mit neuen mentalen Erlebnismomenten durchwoben. Hierbei handelt es sich jedoch um nicht-reale Phantasieelemente, welche man aus dem Reich der Träume kennt. Sie verfügen immer über einen entsprechenden symbolischen Charakter. Beispielsweise fing eine Klientin an, in der Vorstellung zu wachsen und auf die Umgebung hinabzublicken, worauf die ihr gegenüberstehenden Personen in der Vorstellung erschrocken und eingeschüchtert reagierten. „Jetzt fühle ich mich solchen Leuten gewachsen" war ihr spontaner Kommentar. Ebenso können sich Personen in Tiere verwandeln, in einer Szene regnet es plötzlich rosa Konfetti oder der heiß ersehnte Wettkampf-Pokal schwebt aus unerreichbarer Ferne plötzlich ganz nah in Großaufnahme auf den Sportler zu. Diese Phänomene erinnern auffällig daran, daß die „echte" Traumphase – wie bereits erwähnt – ebenfalls mit schnellen Augenbewegungen einhergeht. Anscheinend bewirkt also EMDR einen ähnlichen „Verarbeitungsmodus" im Gehirn, wie es beim aufschlußreichen und verarbeitenden Träumen geschieht. Zumindest gilt diese Parallele für die innere visuelle Erlebniswelt.

Befreiende Körperreaktionen

Belastende Erinnerungen wirken beeinträchtigend, weil man sich körperlich unangenehm berührt fühlt, wenn sie auf dem Bewußtseinsbildschirm auftauchen. Beim EMDR wird nun ganz explizit nach dem körperlichen Zentrum der negativen Empfindung gefragt. Die Klienten werden gebeten, beim Gedanken an die problematische Erinnerung jede Körperzelle nach einem unangenehmen Gefühl durchzuchecken. Karsten fokussierte seine Beeinträchtigung als krampfendes Gefühl im Magen. Andere beschreiben einen Druck auf Brustkorb oder Schultern, Schwächegefühle in den Beinen oder Armen oder Phänomene wie Schwitzen, Hitze oder Kälte. Die Beschreibungen sind stets so individuell wie auch die Persönlichkeit der Klienten. Beim Winken nun „verblassen" nicht nur die inneren Bilder, sondern auch die unangenehmen Körpergefühle. Das wird als besonders befreiend empfunden. Interessanterweise können die Mißempfindungen noch eine Weile im Körper „herumrutschen", bevor sie ganz verschwinden. Bei einer Klientin rutschte ein unangenehmes Unterbauchgefühl pro Winke-Set jeweils zehn Zentimeter höher. Zum Schluß drückte es noch etwas im Hals. Beim letzten Winke-Set mußte sie ein paarmal heftig gähnen, und anschließend war auch der Hals frei. Diese Klientin erfand dafür den Begriff „Körperspuk": „Spuk deshalb, weil das alles so unglaublich schnell geht, das würde ich nicht glauben, wenn ich's nicht am eigenen Körper gefühlt hätte."

Wir selbst erleben EMDR aufgrund dieser konkreten Auswirkung auf das Körpergefühl auch als Körpertherapie. Denn der Körper selbst wird hier zum Erfolgsbarometer. Erst wenn sich das Nervensystem, die Muskeln und Organe wieder wohl und gesund beim Gedanken an die Erinnerung fühlen, ist diese überwunden und verarbeitet. Viele Coaching-Klienten „bestellen" aufgrund dieser Erfahrung oft ein Winke-Set gezielt zur Steigerung des körperlichen Wohlbehagens. Denn – wie schon gesagt – interessanterweise können auch positive Empfindungen mit dem Winken noch intensiviert werden: Eine Leichtigkeit wird noch leichter, ein Kraftgefühl strömt stärker nach einem Winke-Set. Eine solche Intervention ist dann bereits reine Ressourcen-Aktivierung im Coaching.

Das Froschkönig-Phänomen

Sie erinnern vielleicht, daß bei Karsten gegen Ende der EMDR-Intervention ein leichtes Knacken im Rücken zu hören war, als er sich nach einem Winke-Set im Nacken-Schulterbereich aufrichtete. Solche hör- und spürbaren Blockadelösungen des Gelenkapparates ergeben sich während einer EMDR-Intervention häufig durch Haltungsänderungen. Zu diesen werden die Klienten jedoch nicht – wie etwa in der Krankengymnastik – aufgefordert, sondern sie reagieren körperlich intuitiv auf die angenehme neue Mental-Energie mit dem Impuls, sich anders – meist gesünder – zu bewegen und zu halten als zuvor. Daß die Befreiung aus einem seelischen Trauma mit hörbaren Entblockierungen verbunden sein kann, ist ebenfalls in einem Märchen der Gebrüder Grimm wunderbar beschrieben. In dem Märchen „Der Froschkönig" wurde ein Prinz von einer Hexe in einen häßlichen Frosch verwandelt. Der Diener des jungen Königs, der treue Heinrich, ließ sich daraufhin „drei eiserne Bande um sein Herz legen, damit es ihm nicht vor Weh und Traurigkeit zerspränge". Nach der Erlösung aus dem Zauber holt er den zurückverwandelten Prinzen und dessen neue Gemahlin – natürlich eine schöne Prinzessin – mit einem prächtigen Wagen ab. Unterwegs hört der Prinz ein Krachen und ruft: „Heinrich, der Wagen bricht", woraufhin dieser antwortet:

> „Nein, Herr, der Wagen nicht,
> es ist ein Band von meinem Herzen,
> das da lag in großen Schmerzen,
> als ihr in dem Brunnen saßt,
> als ihr ein Frosch wart."

Diese Worte sprechen für sich. Nicht umsonst heißt es übrigens, daß jemand einen „gelösten" Eindruck macht.

Auswirkungen im Alltag

Gerade im Coaching fühlen sich die meisten Klienten nach einer EMDR-Sitzung frei und gelöst. Das bezieht sich nicht nur auf die konkrete bearbeitete Thematik, sondern auch auf den Allgemeinzustand, denn jede „Entstressung" entlastet das Nervensystem und steigert das Wohlgefühl. Es wird auch beschrieben, daß man sich auf eine angenehme Weise erschöpft fühlt, wie schon weiter vorn erwähnt. Manche Klienten müssen einige Stunden nach der Intervention immer wieder gähnen oder haben das Bedürfnis, tief durchzuatmen. Auch leichte Trance-Phänomene können auftreten, da sich jetzt an den Synapsen im Gehirn „herumspricht", daß das Trauma sich aufgelöst hat. Übrigens benötigt das Gehirn vier bis sechs Wochen, bis die Veränderung in jeder Zelle „angekommen" ist. Wir fordern unsere Klienten auf, möglichst oft dem Bedürfnis zum Tagträumen nachzugeben: beispielsweise im Flughafen-Warteraum keine Zeitung zu lesen, sondern den Blick schweifen zu lassen und den Gedanken einen „Spaziergang" zu erlauben.

Viele Klienten berichten auch über lebhafte Träume nach einer EMDR-Sitzung, was ein Zeichen für eine unbewußte Fortsetzung des durch die Intervention in Gang gesetzten kreativen Lösungsprozesses ist. Oft fallen einem auch weitere Ereignisse im Leben ein, die thematisch zur jetzt verarbeiteten Erinnerung passen. Diese können dann zusätzlich bearbeitet werden, damit die Streß-Erinnerungsspur – in der Schmerztherapie kursiert diesbezüglich der Ausdruck „generelles Schmerzgedächtnis" – sozusagen „flächendeckend" sich beruhigt. Im Reich der Psyche könnte man hier übersetzt je nach „Emotions-Sorte" von einem „generellen Angst-, Ärger-, Abscheu-, Gekränkt-sein-Gedächtnis" sprechen, welches insgesamt beruhigt werden möchte. Auf die Bedeutung von emotionalen Vorerfahrungen wird später noch einmal in einem Extra-Kapitel eingegangen.

7. Warum wirkt EMDR?

Über die Wirkungsprinzipien von EMDR gibt es mehrere Theorien, welche alle bis heute noch nicht zufriedenstellend belegt sind. Einige Beobachter vermuten das schon lange bekannte Prinzip der „Desensibilisierung". Der Klient setzt sich in Gedanken der Erinnerung und somit einem aversiven Reiz aus. Die Augenbewegungen lenken gleichzeitig vom Gedanken ab und bewirken so ein „Entlernen": Die Erinnerung verknüpft sich zunehmend mit neutralen Emotionen und Empfindungen. Erfahrene Therapeuten wie wir können jedoch berichten, daß dieses reine Konfrontieren in Zusammenhang mit einer zusätzlichen, entspannenden oder neutralen Aufgabe zwar Effekte bringt, daß diese aber EMDR-Prozessen nicht gleichkommen. Oftmals kann es sogar passieren, daß Betroffene überhaupt keine Erleichterung bei einer Desensibilisierungs-Intervention finden. Sie sind immer wieder gleich betroffen von der schmerzenden Erinnerung. Auch mehrmaliges Erzählen der belastenden Erinnerung hilft oftmals nicht, sondern wird von vielen Klienten mit posttraumatischem Streß als ausgesprochen unangenehm und retraumatisierend erlebt. Auswirkungen wie die zuvor beschriebenen kreativen Ideen der Klienten oder die spontan befreienden Körpererlebnisse treten unserer Erfahrung nach in dieser intensiven Form nur beim EMDR oder bei vergleichbaren Interventionen, welche die Zusammenarbeit der Gehirnhälften stimulieren, auf.

Interessant ist dabei, daß die im Kapitel zuvor beschriebenen Effekte nicht nur durch das Winken, sondern auch bei einem auditiven Input auftreten. Schnippst man beispielsweise im ursprünglichen „Winke-Rhythmus" links und rechts am Ohr der Klienten, erfahren viele ein ähnliches Ergebnis wie mit den Augenbewegungen. Das gleiche gilt für taktile Reize: abwechselndes Tippen auf linker und rechter Schulter oder linker und rechter Handfläche. Heutzutage probieren viele EMDR-Anwender mit ihren Klienten aus, auf welchem „Sinneskanal" die „Links-rechts-Intervention" am besten wirkt. Francine Shapiro geht inzwischen davon aus, daß EMDR durch sogenannte „bilaterale Stimulation" eine optimale Zusammenarbeit von rechter und linker Gehirnhälfte herstellt. Dadurch entsteht eine fließende Aktivierung von neuronalen Vernetzungen, was einen intensiven mentalen Lösungs- und Heilprozeß auf Basis bereits vorhandener Ressourcen des Menschen freisetzt.

Unterstützung findet diese Theorie durch ganz einmalige EEG-Aufnahmen, welche in einem Beitrag des Senders „Arte" zum Thema EMDR auch im deutschen Fernsehen gezeigt wurden. Diese Aufnahmen wurden während des Nachtschlafs von schwer traumatisierten Menschen, die unter Alpträumen leiden, aufgezeichnet. Die Betroffenen – wie beispielsweise Vietnam-Veteranen – wachen von überwältigenden Angsterlebnissen auf und fühlen sich dadurch emotional in ein traumatisches Erlebnis aus der Vergangenheit zurückkatapultiert. In der Trauma-Therapie spricht man hier von einem „Flash-back-Phänomen". Die EEG-Aufnahmen zeigten nun deutlich, daß im Flash-back-Erleben die linke Gehirnhälfte, vor allem das Sprachzentrum der Betroffenen, wie „ausgeschaltet" ist, also keinerlei Aktivität zeigt. Die rechte Gehirnhälfte hingegen zeigt eine hohe Aktivität, als würde dort das erinnerte Erlebnis in Bildern und Gefühlen „aufgeführt" werden. Ein Flash-back-Erleben scheint einem also „die Sprache zu verschlagen" – wie es im Volksmund ja so anschaulich heißt.

Diese Beobachtung ist schon daher von besonderer Bedeutung, weil wir die Sprache nicht nur zur Kommunikation mit anderen Menschen, sondern vor allem auch für unser Selbstmanagement nutzen. Täglich gehen uns Tausende von Gedanken durch den Kopf, mit denen wir auch unsere täglichen Erlebnisse, Pläne und Befindlichkeiten kommentieren: „Oh, es ist schon sieben Uhr, jetzt muß ich aber aufstehen", denken wir oder: „Was ziehe ich heute an?" Diese unbewußten innersprachlichen Abläufe nennt man „automatische Gedanken". Sie kommen auch zum Einsatz, um die Sinneseindrücke des Tages zu verarbeiten: „Was hat da denn geraschelt? Mensch, hab' ich mich erschrocken. Ach, das war ja nur ein kleiner Vogel im Gebüsch – völlig harmlos." Wir benutzen also die automatischen Gedanken, um Erlebnisse und damit auch unsere Gefühle beständig zu „moderieren". Erst diese intrapersonelle sprachliche „Moderation" sorgt dafür, daß „der Schreck nachläßt".

Im Gespräch, durch Lesen oder Nachdenken gewonnene Erkenntnisse machen wir uns in Gedanken bei Bedarf über inneres Sprechen zugänglich. Geht ein Vietnam-Veteran abends ins Bett, kann er sich selbst sagen: „Es ist alles in Ordnung, ich bin zu Hause, der Krieg ist viele Jahre her." Doch nachts kann dieser sprachliche Selbstberuhigungs-Effekt wegen eines vorübergehenden Ausfalls des Sprachzentrums offensichtlich nicht mehr wirken. Das emotionale Erleben, die Bilder „überschwemmen" unmoderiert die Seele und können durch Sprache nicht mehr geordnet werden.

Diese Ergebnisse aus der Gehirnforschung haben uns und viele unserer Kollegen sehr nachdenklich gestimmt. Gilt doch die Psychologie als eine „Hochburg des Sprechens": „Gut, daß wir darüber gesprochen haben" ist eine gängige Floskel, oder: „Sprich dich aus, dann geht's dir besser" gilt als allgemein akzeptiertes Seelen-Rezept. Insofern sind wir stets gutmeinend über die Ängste unserer Klienten hinweggegangen, die sagten, sie hätten vor dem Sprechen Angst, müßten sich überwinden oder befürchten, dadurch alles nur nochmals durchleben zu müssen. Was ist nun, wenn bei posttraumatischem Streß bzw. bei PAS Gesprächsergebnisse die verletzten oder gekränkten Gefühle gar nicht heilend erreichen? Was ist, wenn bei dieser ganz besonderen mentalen Beeinträchtigung die Vernetzung zwischen Sprachzentrum und Emotionsverarbeitung blockiert ist? Dann könnte es durchaus stimmen, daß in einzelnen Fällen Gespräche alte Gefühle einfach nur reaktivieren, anstatt sie heilend zu integrieren, und daß der Impuls des „Ruhen-lassen-Wollens" intuitiv gar nicht so falsch ist, wie wir Therapeuten immer alle dachten.

Die EMDR-Intervention ist in ihrem Kern nicht-sprachlich. Der Weg der Veränderung führt über rhythmische, bilaterale Sinneserlebnisse – seien es nun Augenbewegungen oder links und rechts wechselnde auditive oder taktile Reize. Vielleicht erwachen durch diese Intervention wieder die neuronalen Bahnen, welche für die Unterhaltung zwischen rechter und linker Gehirnhälfte sorgen, und bringen so dem Gehirn seine vollständige Leistungskraft zurück. Sind die Mentalkräfte wieder vollständig und ganzheitlich aktiviert, findet dieses Gehirn dann seine eigene kreative Lösung im Sinne einer heilenden Informationsverarbeitung der im Nervensystem blockierten und „hängengebliebenen" Erinnerung. Die so wiederhergestellte „Vernetzung" scheint auch aufrechterhalten zu bleiben, wenn der Klient später allein mit dem Erlebten umgeht. Er kann sich jetzt durch seine Eigenkräfte neuronal immer wieder aus den emotionalen Spuren des damals Erlebten herausarbeiten. Auf diese Weise wird der Klient nach der Intervention zum mentalen „Münchhausen", der sich ja angeblich einst am eigenen Schopfe nur durch Eigenkraft aus dem Sumpf herausziehen konnte.

Aber auch die Theorie der „bilateralen Hemisphärenstimulation" basiert mehr auf einer Vermutung als auf neurologischen Befunden. Man kann EMDR – wie schon gesagt – auch als eine REM-Phase im Wachzustand auffassen, wobei die Geheimnisse der heilenden Wirkung von Träumen ebenfalls noch nicht ganz geklärt sind. Bei diesem Vergleich ist aber zu berücksichtigen, daß das „reine" nächtliche Träumen bei vielen Patienten und Klienten nicht zur Überwindung einer traumatischen Streßspur beigetragen hat. Bezeichnenderweise ist in einem solchen Fall oft der Nachtschlaf gestört, weil die Betroffenen in ihren Träumen in der Verarbeitung „steckenbleiben" und von diesem blockierenden Gefühl wach werden. Die emotionale Hürde scheint also erst durch das „wache" Rapid Eye Movement erzielt zu werden. Ebenfalls offen bleibt die Frage, warum EMDR manchmal erstaunlicherweise auch bei Phantomschmerzen hilft. Hier scheint die Methode entsprechende Nerven zu veranlassen, die chronische Sendung eines Schmerzgefühls wieder zu „entlernen" und auf die Aussendung von angenehmen oder neutralen Körperempfindungen zurückzuschalten. Vielleicht wirkt EMDR ja ebenfalls „entlernend" auf Neuronen, die Emotionen wie Angst, Wut oder Scham chronisch aufrechterhalten.

All diese offenen Fragen sind jedoch kein Grund, die Methode in der Anwendung zurückzuhalten. Die offensichtliche positive Wirkung scheint uns als Anwendungsmotiv voll ausreichend zu sein. Und eines scheint EMDR mit Sicherheit zu bewirken: EMDR ist eine Methode, die es erlaubt, sich direkt mit der „Amygdala", also dem Gehirn-Alarmglöckchen zu unterhalten und die es dazu überreden kann, sich zu beruhigen.

8. Wie lange hält die Wirkung an?

Wir selbst setzen EMDR seit drei Jahren sowohl im Coaching als auch in der Psychotherapie ein. Insgesamt haben wir in dieser Zeit bei ca. hundert Klienten und Kunden mindestens dreihundert EMDR-Interventionen zu einzelnen Erlebnissen dieser Menschen durchgeführt. Nur bei zwanzig Prozent der Fälle führte die Intervention während der Durchführung zu keinerlei subjektiver Erleichterung. Gelingt die Intervention jedoch und der Klient fühlt sich am Schluß der Sitzung innerlich befreit, hält dieser Effekt von allein an. In diesen Fällen mußte die Intervention kein einziges Mal wiederholt werden. In der Lernpsychologie nennt man derartige Effekte „One Trial Learning": Nur ein einziger „Lerndurchgang" reicht für eine dauerhafte Verinnerlichung der neuen Information aus.

Machen Sie sich dieses Lernphänomen an einem einfachen Beispiel bewußt. Stellen Sie sich vor, Sie hätten im Lotto gespielt und eine Person Ihres Vertrauens soll für Sie Ihren Schein bei der Lottostelle auf einen möglichen Gewinn hin überprüfen lassen. Dann kommt ein Anruf: „Stell dir vor, dein Schein ist ein Volltreffer! Du hast drei Millionen gewonnen!" Nun überlegen Sie einmal: Wie oft muß der Anrufer diese Nachricht wiederholen, damit Sie den Inhalt behalten können? Vielleicht soll er den Satz wiederholen, weil Sie nicht glauben, daß dieser wahr ist. Aber zum rein inhaltlichen Behalten bedarf es keinerlei Wiederholung. Auf gut deutsch sprechen wir hier auch vom „Aha-Lernen". Die prägende Information vertieft sich im Gedächtnis aufgrund ihrer einmaligen emotionalen Bedeutung und wird deswegen monate- und jahrelang behalten. EMDR ist ein emotionales Aha-Lernen. Aus diesem Grunde gibt man beim EMDR den Klienten auch nicht so etwas wie übende „Hausaufgaben" im Sinnes eines Trainings auf, da die Wirkung einzig und allein durch eine Ent-Blockierung der kreativen und heilenden Ressourcen im Nervensystem erzielt wird.

Wir dokumentieren jedoch genau, zu welchem Erlebnis in welcher Sitzung auf EMDR-Basis gearbeitet wurde. Das Ziel ist jeweils ein Wert von höchstens noch -2 Punkten (von -10) auf der Skala des subjektiven Unbehagens. Erst wenn die Klienten diesen Wert angeben, gilt das belastende oder blockierende Erlebnis „EMDR-technisch" gesehen als verarbeitet. Wird dieser Wert erreicht, bleibt es auch noch nach Monaten bei diesem Ergebnis, ohne daß zwischendurch aufgefrischt oder wiederholt wurde. Mit Hilfe unserer Dokumentation können wir unsere Klienten dann jederzeit nach der Güte der anhaltenden Wirkung befragen. Aufgrund dieser Aufzeichnungen können wir belegen, daß die positiven Veränderungen auch noch ein Jahr nach der Intervention spürbar anhalten.

Wegen der besonderen Wirkungsweise des „One Trial Learnings" kommen EMDR-Erfolge auch ohne kognitive Anstrengungen wie „Gute Vorsätze" oder „Selbstbeobachtung" aus. Die positiven Auswirkungen stellen sich vielmehr auf einer unbewußten, selbstverständlichen Ebene ein. So traf neulich eine Klientin von uns ihre Kollegin im Treppenhaus des Unternehmens. Im Gespräch vertieft stiegen die beiden Frauen in den Fahrstuhl ein und fuhren vier Stockwerke höher zum gemeinsamen Büroflur. Beim Verlassen des Fahrstuhls rief unsere Klienten plötzlich: „Hilfe, ich bin Fahrstuhl gefahren!". Wir hatten in der Woche zuvor ihre Fahrstuhl-Phobie mit EMDR behandelt. „Ich bin ohne nachzudenken mit eingestiegen, als wäre es das Natürlichste von der Welt", erzählte sie später in der Sitzung. In den zwei Jahren seit Beginn ihrer Anstellung bei der Firma hatte sie stets die Treppe benutzt und den Fahrstuhl konsequent gemieden. Durch EMDR bewirkte positive Veränderungen geschehen also zuverlässig und automatisch wie der aufrechte Gang oder das Sprechen einer Sprache. Sie gehen sprichwörtlich „in Fleisch und Blut" über.

Dabei können positive Veränderungen – wie bereits erwähnt – noch nach vier bis sechs Wochen nach der eigentlichen Intervention auftreten. So lange dauert es, bis sich die Ent-Blockierung in der gesamten Neurologie „herumgesprochen" hat. Das gilt nicht nur für EMDR, sondern für alle Lernerfahrungen und Erlebnisse. Die Nervenzellen benötigen einige Zeit, um aus einer einmaligen Information ein organisches „Engramm" zu machen: Nervenbotenstoffe ändern sich in ihrer Zusammensetzung, und einzelne Verbindungen zwischen den Nervenzellen – die sogenannten Synapsen – müssen neu angelegt oder auch abgebaut werden. Diese organische Umsetzung der mentalen Veränderung benötigt eben Zeit, da es sich hier um physiologische Prozesse handelt. Wir nennen dieses Phänomen auch gern den „Backofen-Effekt": Wollen Sie Ihren Backofen von 200 auf Null Grad schalten, so genügt nur ein einziger Handgriff. Der Handgriff dauert zwar nur ein bis zwei Sekunden, aber es dauert bis zu einer Stunde, bis der Backofen vollständig abgekühlt ist. Entsprechend kann eben eine vergleichsweise kurze EMDR-Intervention das Nervensystem noch bis zu sechs Wochen in ihrer heilenden Wirkung beschäftigen.

Außer unseren persönlichen Beobachtungen über Dauer, Art und Weise der EMDR-Resultate gibt es inzwischen eine Fülle von kontrollierten klinischen Studien über EMDR, welche insgesamt die Wirkungsweise dieser Methode eindeutig bestätigen. Interessierte Leser erfahren zum Forschungsstand nähere Informationen in Francine Shapiros Büchern „*EMDR – Grundlagen* & *Praxis*" und „*EMDR in Aktion*" (siehe Literaturübersicht am Ende dieses Buches) oder auch im Internet – ganz einfach unter dem Stichwort EMDR. Man muß bei der Forschungslektüre berücksichtigen, daß das Hauptaugenmerk hier auf posttraumatische Belastungsstörungen gerichtet ist. Hier werden aufgrund der heute bekannten Forschungsergebnisse positive Veränderungen bei 50 bis 80% der behandelten Fälle angegeben. Wir gehen davon aus, daß die Erfolgsquote im Coaching von PAS noch höher liegt, da hier ja psychisch stabile Menschen ohne eine klinische Diagnose die Nutznießer der Methode sind. Unsere Dokumentationen sprechen für diese These, genaue und umfangreiche Forschungen in diesem Bereich müssen aber noch folgen.

Wie so viele Anwender der Methode wenden wir EMDR im Alltag nicht „rein" an, sondern kombinieren die Methode mit unseren bewährten Verfahren, welche wir schon seit Jahren benutzen. Hierzu gehören einerseits so klassische Ansätze wie die Gesprächs- und die Verhaltenstherapie. Besonders spannend und effektiv erweist sich aber im Coaching eine Kombination aus dem Neurolinguistischen Programmieren, der Kinesiologie und der EMDR-Methode. EMDR ist ohnehin schon ein relativ schnelles und intensives Verfahren. Im „Team" mit den oben erwähnten Kurzzeit-Ansätzen kann die positive Veränderungsenergie ganz besonders zielgerichtet „gebündelt" werden. Alle drei Ansätze berücksichtigen explizit Erkenntnisse der modernen Gehirnforschung über unsere neurologischen Verarbeitungsmuster und gehen über das reine Gespräch als Veränderungsfaktor weit hinaus. Wir haben diesen Kombinationsmöglichkeiten am Ende dieses Buches noch ein Extra-Kapitel gewidmet.

9. Ist EMDR eine Therapie?

Eigentlich wird EMDR mehr als eine Intervention denn als eine eigenständige Therapie verstanden. Die Methode kann – wie zuvor schon angedeutet – in alle bekannten psychotherapeutischen Verfahren integriert werden: sei es Verhaltenstherapie, Psychoanalyse, Gesprächstherapie oder Neurolinguistische Psychotherapie – um nur ein paar Beispiele zu nennen. In der Ausbildung wird dringend empfohlen, EMDR nur in Feldern einzusetzen, mit denen man als Therapeut auch ohne EMDR schon jahrelang beruflich erfahren ist. Das gleiche gilt für die Klientel: Möchten Sie beispielsweise als Anwender EMDR im Coaching einsetzen, sollten Sie schon anderweitige Erfahrungen im Coaching und den hier behandelten Themen mitbringen.

Trotz dieser sehr sinnvollen Aufforderung, EMDR in Ergänzung zu einem soliden professionellen Hintergrund einzusetzen, wird EMDR zunehmend doch als eigenständiges Verfahren verstanden – und zwar von den Klienten. Die Nachfrage zeigt ein ganz gezieltes Interesse an dem „Winke-Winke-Verfahren": „Meine Freundin ist so begeistert vom EMDR, das möchte ich jetzt auch mal ausprobieren." Diese Klienten wären regelrecht enttäuscht, wenn dann in der Sitzung nicht „gewunken" würde, für sie ist es das eigentliche Ereignis im Coaching oder in der Therapie. Die Psychotherapieforschung zeigt eindrucksvoll, daß allein der Glaube an die positive Wirkung eines Verfahrens bereits ein Drittel des Erfolges ausmacht. Beispielsweise beschreibt der bekannte Verhaltenstherapeut Klaus Grawe dieses „Glaubensphänomen" in seinem Buch *„Psychologische Therapie"*. Allein vor diesem Hintergrund ist es legitim, EMDR in Korrelation zur Nachfrage einzusetzen.

Wir und auch etliche unsere Kollegen haben in der Anwendung so viele Facetten entdeckt, daß für uns EMDR inzwischen mehr ist als eine einzelne Intervention. EMDR bewegt ganzheitlich das Handeln, das Denken, die Emotionen und den Körper. Die Wirkung strahlt oft sogar in das spirituelle Erleben eines Menschen aus. Viele Klienten erleben die Methode auch als positive Kraft zur Persönlichkeitsentfaltung und zur Entdeckung unbewußter Ressourcen, wenn nicht sogar der individuellen Weisheit. Von der Wirkung her ist EMDR also schon eine eigenständige Methode oder Therapie – finden wir. Aber kann man es wirklich glauben, daß ein bißchen „Winken" so ganzheitlich wirken kann? Bei vielen Menschen stößt diese Vorstellung an die Grenzen dessen, was sie immer über Veränderungen glaubten. Und da Glaube – beispielsweise nach Grawe – für den Erfolg einer psychologischen Methode so wichtig ist, vertieft sich die Wirkung von EMDR zusätzlich durch intensive Erklärungen, welche den Glauben an Methode und Wirkung stärken.

II. Verändern durch Verstehen: Streßfördernde Beliefs durch Know-how ersetzen

In diesem Kapitel vermitteln wir noch weiteres Hintergrundwissen über die Wirkungsweise von EMDR im Coaching. Diese Informationen sind nützlich, um sich selbst und die Methode besser zu verstehen. Menschen stehen ihren positiven Veränderungen oft deshalb im Wege, weil ihnen wertvolle Informationen über ihre mentale Situation und über den Lösungsweg zum Ziel fehlen. Weiter vorn haben wir schon mittels des „Hubschrauber-Beispiels" erwähnt, daß das Erreichen von Zielen in den meisten Fällen nicht so sehr mit „Wollen", sondern mehr mit „Wissen", also mit Know-how zu tun hat.

Dieses „Know-how" ist ganz besonders wichtig, um die eigenen Reaktionen besser verstehen und einordnen zu können. Ist Know-how nicht vorhanden, wird die Wissenslücke nämlich durch Glauben ersetzt. Wir sprechen hier lieber von „Beliefs", um den Begriff gegen den religiösen Glauben abzugrenzen. Beliefs sind feste, meist unbewußte Vorannahmen über das Funktionieren der Welt und somit auch der eigenen Person. Beliefs werden nur selten bis gar nicht überprüft, da sie subjektiv als wahr gelten. Beliefs entfalten eine bedeutsame mentale Macht. Dabei gibt es erfolgsfördernde, aber auch einschränkende Beliefs, die sogenannte „Grenze im Kopf".

Die folgenden Ausführungen gelten Beliefs, welche für den Rahmen eines ressourcenfördernden Coachings von besonderer Bedeutung sind. Sie sind für Menschen im Bereich der Spitzenleistung sehr wichtig. Die Vermittlung von ressourcenförderndem Know-how ist übrigens bereits ein wichtiger Bestandteil des Belief-Coachings, wie wir es in einem späteren Kapitel vorstellen. Belief-Coaching ist für die Menschen wichtig, welche in ihren Wirkungsfeldern nicht nur für eine kurze Zeit, sondern auch langfristig leistungsfähig sein und bleiben wollen. Diesem Ziel dienen die folgenden Informationen, welche übrigens auch unabhängig von EMDR und anderen Coaching-Verfahren zur Ressourcenpflege wichtig sind. Die Themen in diesem Kapitel sind als Sammlung zu verstehen, sie haben nicht immer einen direkten Bezug zueinander.

10. Dürfen positive Veränderungen so schnell sein?

Viele unserer Klienten erleben die befreiende EMDR-Wirkung oft mit einem ungläubigen Kopfschütteln: „So schnell wirkt das? Das kann ich einfach nicht glauben." Der Glaube widerspricht also der gerade eben erlebten positiven Erfahrung. Ohne je darüber nachzudenken haben nämlich viele Menschen den Belief, daß man auf etwas Großes nur mit etwas Großem einwirken kann. Man geht quasi von einer Eins-zu-eins-Relation aus: Mein Problem ist so groß, daß das bißchen Winken zu „klein" ist, um helfen zu können. Auch Schlimmes kann nur mit etwas sehr Unangenehmem bekämpft werden: So glauben Menschen spontan, daß eine bittere und grüne Medizin besonders gut wirkt. Viele Rückenschmerzpatienten sind oft auch enttäuscht, wenn der Arzt Krankengymnastik statt einer „richtigen" Operation verschreibt: „Das tut so weh, das kann doch nicht von ‚Turnen' weggehen."

Über allem steht eigentlich ein sehr archetypischer Belief: Glück, Erfolg und Gesundheit brauchen immer ein adäquates Opfer. Je schmerzlicher und aufwendiger dieses Opfer ist – so meint man unbewußt –, desto höher steigt die Garantie auf Belohnung oder Erlösung. Entscheidend ist nicht die Frage, ob es sich bei dem Opfer – bzw. dem Einsatz – um eine sinnvolle Maßnahme zur Erreichung des Zieles handelt, sondern ob es ein „großes" Opfer ist. Und „groß" heißt anstrengend, schmerzlich, möglichst kompliziert und langwierig. In vielen Unternehmen existiert beispielsweise der unbewußte Belief, daß eine Sitzung um so bessere Ergebnisse erzielt, je länger sie dauert. Obwohl die Fakten real dagegen sprechen, hat man zumindest das Gefühl, großes geleistet zu haben, weil man ja schließlich bis spät in die Nacht ausgehalten hat.

Archetypisch ist dieser Belief, weil wir ihn schon bei den Steinzeitmenschen antreffen. Kaum hatte der Mensch sein Gehirn, fing er mit dem Opfern an. Wir meinen hier sinnloses Opfern in Abgrenzung zur spirituellen Dankbarkeit für Geschenke des Lebens. Das Motiv für das Opfern liegt auf der Hand. Unsere denkenden Vorfahren litten natürlich unter der Unberechenbarkeit der Natur, von der sie ständig abhängig waren. Und nichts ist der menschlichen Natur mehr zuwider als Abhängigkeit und Hilflosigkeit. Da kam schnell der Gedanke auf, mit einer höheren, unsichtbaren Instanz, die für das Wetter zuständig ist, ein Geschäft zu machen und auf diesem Weg Einfluß und Kontrolle über die Naturphänomene zu gewinnen. „Wenn ich mein schönstes Schaf gebe, wird es bestimmt regnen", war die Idee. Vielleicht hat das dann auch ein- oder zweimal geklappt. Aber beim dritten Mal blieb der Regen trotz des Schaf-Opfers sicher aus.

Nun neigt der Mensch aber dazu, seinen Beliefs treu zu bleiben. Man hätte an dieser Stelle ja noch die Freiheit, zu sagen: „Was für eine unsinnige Idee ich doch hatte, was hat das Töten eines Schafes mit dem Wetter zu tun?" Nein, statt dessen heißt es lieber: „Wahrscheinlich hätte ich zwei Schafe opfern sollen!" Hauptsache, der Belief bleibt erhalten. Und so ist es bei einigen Völkern sogar bis zu Menschenopfern gekommen. Die Währung in diesem Geschäft heißt Verlust und Schmerz. Man vertraut darauf, daß irgendein höheres Wesen diese „Bezahlung" ordentlich in ein Büchlein einträgt und dann den „Gewinn" ausschüttet in Form von gutem Wetter, Gesundheit, Glück oder Erfolg. Aus diesem Grund mögen viele Menschen auch heute noch nicht so gern laut sagen, daß es ihnen gut geht oder daß sie am Ende gar glücklich sind. Sie haben einfach eine archetypische Angst davor, daß irgendein höheres Wesen dann schnell in der „Schicksalsbuchhaltung" nachsieht, ob denn für dieses Positive auch schon bezahlt wurde. Unsere Sprichworte sprechen hier Bände: „Freu dich nicht zu früh – das dicke Ende kommt bestimmt", heißt es oder: „Man soll den Tag nicht vor dem Abend loben." Diese in Sprichworten verpackten Beliefs verhindern oft den Blick und die Handlung auf funktionierende und naheliegende Lösungen.

Vor diesem Belief-Hintergrund erscheinen nämlich viele gute Lösungen als „zu einfach" oder „zu leicht". Es wird nicht sachlich und ergebnisorientiert, sondern abergläubisch gedacht. Wir wollen damit nicht sagen, daß man für Erfolge im Leben nicht arbeiten muß. Wichtig ist nur, die Energie auf funktionierende und nicht auf „dolle" Maßnahmen zu richten. Vor diesem Hintergrund gibt es im systemischen Denken eine wunderbare Metapher: „Manchmal reicht der Flügelschlag eines Schmetterlings, um auf der anderen Seite der Erde das Wetter zu ändern." Natürlich muß der Flügelschlag dabei genau an der richtigen Stelle geschehen. Und das schnellste und effektivste Coaching ist der „Flügelschlag" an der richtigen Stelle: kleines Winken bzw. minimaler Input und gleichzeitig maximale Wirkung. Mit diesen Gedanken eröffnen wir unseren Klienten die Möglichkeit, diese einfach wirkende Methode nicht nur zu erleben, sondern auch glauben zu können. Die Schmetterlings-Metapher diente auch als Namensgeber für unser Wingwave-Coaching, wie wir es zum Abschluß dieses Buches vorstellen.

Doch auch ohne den Glauben an „Eins-zu-eins-Lösungen" widerspricht das EMDR-Erlebnis oft den bisher im Leben gemachten Erfahrungen über Veränderungen. „Es kann doch nicht sein, daß ich wochenlang versucht habe, mit diesem Thema klarzukommen und daß nun dieses bißchen Winken alles ändert?!" Auch an dieser Stelle ist dann die „Flügelschlag-Metapher" hilfreich, um das Veränderungsphänomen im Sinne von „Know-how" nicht nur auf der Erlebnis-, sondern auch auf der Belief-Ebene integrieren zu können.

11. Wie wirkt sich „Spitzenleistungsstreß" auf die Wahrnehmungsverarbeitung aus?

Viele unserer Coaching-Klienten haben ein weiteres Belief-Problem. Sie können sich oft nicht vorstellen, warum sie auf scheinbare „Kleinigkeiten" so sensibel reagieren und bringen diese Selbsterfahrung nicht mit ihrem Selbstbild als Spitzenleister in Einklang. Sie erinnern sich, daß eines von Karstens Problemen war, daß er sich selbst für eine „Mimose" hielt. Vielen Coaching-Klienten müssen wir ausführlich erklären, warum sie ganz besonders dazu prädestiniert sind, sensibel auf ihre Umwelt zu reagieren. Sie stehen sich gleich mit vier besonders ungünstigen Beliefs im Wege, um ihre Streßsituation richtig einschätzen zu können.

Der erste einschränkende Belief wird oft so formuliert: „Meine Arbeit kann mich nicht stressen, da sie mir so viel Spaß macht, weil sie so wichtig [oder so interessant] ist." Diese Annahme wird noch dadurch genährt, daß die Streßtheorien zwischen Dystreß und Eustreß unterscheiden – wovon viele gehört oder gelesen haben. Bei Dystreß ist die Tätigkeit mit unangenehmen Emotionen wie Angst verbunden, Eustreß hingegen zeichnet sich durch begeistertes, freudiges oder gar euphorisches Handeln aus. Lange Zeit war man der Meinung, daß nur Dystreß dem Körper schadet, Eustreß hingegen nicht. Inzwischen weiß die Streßmedizin, daß beide Formen von Streß unsere „Batterien" gleichermaßen leeren, wie beispielsweise auch der Gehirnforscher Gerhard Hüther ausdrücklich betont. Auch bei Eustreß muß sich jeder gesunde Mensch regenerieren. Zur Regeneration gehören neben regelmäßigem Essen und Trinken körperliche und seelische Entspannung sowie ausreichend Schlaf. Wir selbst schätzen die Gefahr der Überforderung bei Eustreß sogar höher ein als bei Dystreß. Die Erklärung hierfür ist einfach: Jedem Menschen fällt es schwer, Begeisterung, Interesse oder gar Leidenschaft sinnvoll zu dosieren. Hier besteht die viel größere Gefahr, daß innerlich die „Pferde mit einem durchgehen" als bei einer Tätigkeit, die man langweilig oder gar schrecklich findet.

Zu diesem ersten Irrtum gesellt sich bei Spitzenleistern schnell noch ein zweiter ungünstiger Belief: „Spitzenleistung härtet auf Dauer ab." „Ich komme in der Woche seit Jahren auf höchstens fünf Stunden Schlaf – da habe ich mich aber inzwischen dran gewöhnt", wird beispielsweise oft von unseren Coaching-Kunden erzählt. Der Mensch kann sich an vieles gewöhnen – beispielsweise auch an eine Gefängniszelle. Das muß aber noch lange nicht heißen, daß die Gewohnheit sich positiv auf Körper, Geist und Seele auswirkt. Unser Körper kann jede Form von Streß sehr gut vertragen – solange er regelmäßig, am besten täglich, wieder durch Regenerierung abgebaut wird und der Körper zu seinen ausgeglichenen Funktionen zurückfindet. Wird dieses „Auftanken" regelmäßig unterlassen oder fällt es zu kurz aus, kann der Streßstoffwechsel entgleiten. Die Streßhormone werden jetzt nicht mehr auf Bedarf und Anlaß hin produziert, sondern entgleiten in eine von äußeren Ereignissen losgelöste Dauerproduktion. Ist es so weit gekommen, kann man sich nicht mehr ausspannen, sondern fühlt sich ständig wie „innerlich aufgezogen". Diese permanente Streßaktivierung führt nun dazu, daß man sich immer wieder Aufgaben und Beschäftigung sucht, um die innere „Hochtourigkeit" in Handlungen zu entladen. Damit ist der Streß-Teufelskreis perfekt. Der Körper kann nicht mehr auf Normalfunktion zurückschalten.

Ein dritter problematischer Belief lautet: „Das kann ich doch alles im nächsten Urlaub nachholen" oder gar: „... wenn ich mal im Ruhestand bin." Der menschliche Körper besteht aus biologischem, lebendigem Material. Jede Zelle muß täglich auftanken. Stellen Sie sich nun einmal folgende Situation vor: Sie bekommen zum Geburtstag eine schöne Topfpflanze geschenkt mit dem Hinweis, daß diese täglich etwas Wasser benötige. Daraufhin denken Sie heimlich bei sich: „So ein Aufwand! Ich werde der Pflanze einmal im Monat zehn Liter Wasser geben, das kommt doch auf das gleiche raus!" Jeder unserer Klienten muß bei diesem Beispiel spontan schmunzeln. „Es ist schon bemerkenswert, daß ich meinem Körper eine Strategie zumute, die eine Topfpflanze nicht überleben würde", so oder ähnlich äußern sich dann die meisten Klienten beim Nachdenken über diese Metapher.

Der vierte der irrationalen Streß-Beliefs ist der im vorherigen Kapitel geschilderte Opfer-Glaube. Man glaubt, für das gesundheitliche oder persönliche Opfer automatisch entlohnt zu werden, nicht nur in Form von Geld, sondern auch durch Erfolg und Anerkennung. Und da ja alles für eine „gute Sache" ist, führt der unbewußte Opfer-Glaube zu der irrationalen Überzeugung: „Mir wird schon nichts passieren", oder gar: „Der Zweck heiligt die Mittel." Man hält sich irrtümlich für geschützt oder gar „unkaputtbar", obwohl man streßmedizinisch gesehen ständig im heiklen Bereich agiert. Heikel ist nämlich das chronisch überhöhte Arousal, welches sich bei vielen Spitzenleistern – auch und gerade durch Eustreß – schleichend über Monate und Jahre hin einstellt.

Unter „Arousal" versteht man das allgemeine Aktivierungsniveau im Nervensystem. Man sagt ja auch umgangssprachlich, daß jemand „unter Strom" steht. Hat dieser „Strom" ein mittleres, ausgeglichenes Niveau, fühlen wir eine angenehme Mischung aus Wachsein und Gelassenheit. Ist das Arousal zu niedrig, wirkt ein Mensch depressiv und antriebsarm. Das allgemeine Arousal kann aber auch chronisch zu hoch sein, dann wirkt jemand „angespannt", „wie auf 180" oder gar „reizbar", was in Managerkreisen oft mit „dynamisch sein" verwechselt wird. Dieses Arousal geht übrigens vom limbischen System aus, also jenem Teil unseres Gehirns, welcher für die Entstehung unserer Emotionen zuständig ist. Das jeweilige Arousal eines Menschen entscheidet darüber, wie Reize und Erlebnisse aus der Umwelt aufgenommen werden. Vergegenwärtigen Sie sich dieses Reaktionsphänomen mit folgendem Beispiel:

Situation 1: Ein Mann schlendert als Gast durch ein Haus, welches ihm sehr gut gefällt. Er betrachtet die Bilder, die Möbel, den Blick aus den Fenstern. Plötzlich huscht eine kleine Katze an seinen Füßen vorbei. Er bekommt einen kleinen Schreck, denkt dann aber mit einem kurzen Auflachen: „Ach, das war ja nur eine Katze", fühlt sich sofort wieder ausgeglichen und setzt seinen Rundgang fort.

Situation 2: Ein paar Stunden später geht wieder ein Mann durch dasselbe Haus. Auch er betrachtet die Bilder und die Möbel. Aber dieser Mann ist ein Einbrecher. Seine Nerven sind „zum Zerreißen gespannt", er hat also ein ziemlich hohes Arousal. Plötzlich huscht wieder die kleine Katze an seinen Füßen vorbei. Er schreit auf, läßt alles liegen und stehen, stürmt aus dem Haus und erzählt, er hätte einen Werwolf gesehen.

Erinnern Sie sich hier bitte nochmals an Karstens Schilderungen. Bevor er die Enttäuschung mit dem jungen Kollegen Söhnke erlebte, hatte die Agentur gerade eine große Präsentation gewonnen. Vorausgegangen war eine sehr arbeitsaufwendige und „stressige" Zeit mit etlichen Überstunden. Karstens Arousal war immer noch entsprechend hoch, als Söhnke ihn mit der Kündigung konfrontierte. Auch dies ist mit ein Grund dafür, daß Karsten sich so empfindlich davon getroffen fühlte. Ein Mini-Trauma entsteht im Spitzenleistungsbereich demnach nicht nur durch das Ereignis „pur", sondern mit durch die Verfassung, in der wir mit einem Ereignis konfrontiert werden. Ein hohes Arousal wirkt wie ein mentales Vergrößerungsglas auf die Ereignisse und Reize um uns herum. Karsten allerdings empfand es als Widerspruch, daß er sich bei so viel Erfolg plötzlich durch ein eigentlich alltägliches Ereignis wie einer Kündigung aus der Bahn geworfen fühlte. Diese Fehleinschätzung begründet sich nun wiederum auf dem irrtümlichen Belief, daß Eustreß keine Streßwirkung habe.

Bei unseren Coachings arbeiten wir daher mit vielen Klienten auf zwei Ebenen. Zum einen fokussieren wir auf das eigentliche Ereignis oder Thema, welches mit in die Sitzung gebracht wird. Zusätzlich wirken wir dann noch indirekt auf die Wahrnehmungverarbeitung ein, wenn sich herausstellt, daß unser Gegenüber durch eine ungünstige Beliefstruktur gefährdet ist, immer wieder ein chronisch überhöhtes Arousal zu entwickeln. Die spezielle Herangehensweise schildern wir in einem späteren Kapitel zum Thema „Belief-Coaching".

Übrigens ist ausreichender und erholsamer Schlaf mit das beste Selbst-Coaching gegen die Entstehung eines überhöhten Arousals. Vor allem der Traumschlaf sorgt dafür, daß unsere emotionalen Speicher wieder aufgeladen werden und das limbische System sich auf angenehme Weise beruhigt. Nicht umsonst heißt es: „Schlaf eine Nacht darüber, morgen sieht alles ganz anders aus." Natürlich gibt es Beispiele von Menschen, die nur mit sehr wenig Schlaf auskommen. Doch über neunzig Prozent aller Menschen benötigen doch durchschnittlich sieben bis acht Stunden Nachtschlaf, um vollständig zu regenieren. Dabei kann man vereinfacht sagen, daß die ersten drei bis vier Stunden Schlaf der rein körperlichen Erholung dienen. Erst die letzten drei bis vier Stunden päppeln die Seele wieder auf. Dann kommt es nämlich vermehrt zu dem „flachen" REM-Schlaf mit den vielen Traumphasen. Fällt diese Phase zu oft aus oder findet nur verkürzt statt, hat das eine ungenügende emotionale Verarbeitung der täglichen Ereignisse und somit ein zu hohes Arousal zur Folge. Wachen Sie beispielsweise oft nach drei bis vier Stunden Schlaf auf und können dann nicht mehr einschlafen, kann das schon ein Hinweis auf ein zu hoch angestiegenes chronisches Arousal sein. Auch hier kann eine entsprechende Selbst-Coaching-Methode dabei helfen, schnell wieder einzuschlafen und so die Durchschlafstörung zu überwinden. Wir schildern das in einem entsprechenden Kapitel.

12. Das Trauma mit den Mitmenschen

Die häufigsten Mini-Traumata, welche im Coaching zum Thema gemacht werden, sind eigentlich zwischenmenschliche Enttäuschungen: sei es mit den Vorgesetzten, den Kollegen, einem Kunden, einem Freund oder Lebenspartner, einem Publikum oder einem Trainer. Beispielsweise arbeiteten wir neulich mit Benno, einem jungen Spitzensportler, für den regelrecht eine Welt zusammenbrach, als sein Trainer ihn plötzlich „völlig links liegen ließ", weil er in einem Wettkampf schlecht abgeschnitten hatte. „Vorher hat er sich über Wochen ganz intensiv um mich gekümmert und jetzt bin ich plötzlich wie Luft für ihn." Der junge Mann sah wirklich aus wie jemand, der „die Welt nicht mehr versteht". Sein eigentliches Problem spiegelte sich in dem Satz wider: „Ich dachte, der mag mich wirklich."

Hinter diesem Satz verbirgt sich wieder ein umfassendes Beliefsystem zum Thema „zwischenmenschliche Beziehungen". Ein solches Beliefsystem bildet bei jedem Menschen so etwas wie ein Fundament, auf dem seine Beziehungen zu anderen Menschen stehen. Wird nun dieses Beliefsystem verletzt, erfährt das Fundament eine Erschütterung, und eine „Welt bricht zusammen". Man hat sich immer wieder gefragt, warum etliche Menschen ein schweres Trauma wie eine Gewalttat oder einen Unfall ohne eine posttraumatische Belastungsstörung überwinden können. Sie sind zwar geschockt, aber dieser Schock baut sich im Laufe der Wochen und Monate kontinuierlich ab. Noch vor zehn Jahren dachte man, daß die traumatisierten Menschen schon vorher psychisch labil waren.

Heute weiß man aber, daß ein Trauma auch die psychisch stabilsten Menschen „umhauen" kann. Eine ungünstige Voraussetzung ist – wie zuvor beschrieben – ein zu hohes Arousal, das man in die Situation schon mit hineinbringt, wenn man beispielsweise die Tage zuvor zu wenig Schlaf gehabt hat. Eine andere ungünstige Bedingung ist jedoch die Reaktion der Mitmenschen in der Situation des Verletzt-Seins: Trösten und unterstützen diese oder geben sie noch zusätzlich einen Tritt, wenn man schon am Boden liegt? Da gibt es das Beispiel des jungen Mädchens, das vergewaltigt wurde. Sagen jetzt noch die Eltern: „Na, das ist ja kein Wunder bei den unmöglich engen Röcken, die du immer trägst", ist das Einsetzen einer chronischen Traumatisierung leider garantiert. Akut erschütterte oder geschockte Menschen benötigen die emotionale Unterstützung der Menschen, denen sie vertrauen, fast so dringend wie die Luft zum Atmen. Das gilt nicht nur für nahestehende Vertraute wie Eltern, Lebenspartner oder Freunde. Das unbewußte Vertrauen bringt man auch Menschen entgegen, welche aufgrund einer Rolle zur Vertrauensperson werden: dem Arzt, dem Polizisten, der Krankenschwester und natürlich auch der Führungskraft. Da Menschen in diesen Berufen oft gar nicht wissen, wie bedeutsam die Wortwahl in Gegenwart eines akut traumatisierten Menschen ist, besteht hier noch ein großer Schulungsbedarf.

Benno hatte in den letzten Jahren seine ganze Freizeit in die sportliche Karriere investiert. Auch er hatte das Gefühl, daß sich das irgendwann einmal „rechnen" würde. Vor allem war er der Meinung, daß die anderen seinen Einsatz registrieren würden nach dem Motto: „Nach all dem, was ich getan habe." Unbewußt war für ihn Solidarität im Mannschaftsteam eine felsenfeste Voraussetzung, um sich so weit auf diesen Sport einlassen zu können. Das impliziert, daß die anderen, beispielsweise der Trainer, auch oder gerade zu einem halten, wenn man einmal „Pech" hat. Er aber wurde fallengelassen wie eine heiße Kartoffel. Am meisten zu schaffen machte Benno die Tatsache, daß er selbst gerade von diesem Trainer eine solche Reaktion nie erwartet hätte. „Ich habe ihn fast wie einen Vaterersatz erlebt."

Ein soziales Mini-Trauma setzt vor allem ein, wenn man damit konfrontiert ist, daß das innere „Werte- und Belief-Modell", also die innere Welt, offensichtlich nicht mit dem Werte- und Belief-Modell vom Gegenüber harmoniert. Ein inneres Modell der Welt gibt einem die Sicherheit, sich in der Welt „da draußen" zurechtfinden zu können. Man lebt mit dem Belief, daß dieses Modell ausreicht, um die Reaktionen seiner Mitmenschen voraussehen und sich damit auf diese verlassen zu können. Ist dies nicht der Fall, fühlt man sich „kalt erwischt" und zutiefst verunsichert. „Aber das kann er doch nicht einfach so tun", heißt es dann, oder: „Das darf doch nicht wahr sein", oder: „Warum begreift er nicht, daß ..." Das Modell der Welt erweist sich als unsichere Täuschung und führt zur Ent-Täuschung. Haben Sie beispielsweise einen ewig neidischen Konkurrenten, würde es Sie überhaupt nicht erschüttern, von ihm unfair behandelt zu werden. Sie würden sich sicher sehr ärgern, aber Ihre innere Welt bliebe heil, denn Sie haben hier ja nichts anderes erwartet. Karsten wurde von Söhnkes Kündigung deshalb „umgehauen", weil er gerade von ihm einen solchen Schritt am wenigsten erwartet hätte. Hier fehlte die sprichwörtliche „innere Wappnung", die fehlende Chance, sich rechtzeitig „einstellen" zu können.

Gelassenheit in der professionellen Kommunikation stellt sich eigentlich erst dann ein, wenn man nur noch voller Interesse die vielfältigen Reaktionen seiner Mitmenschen registriert, sich aber nicht mehr riesig wundert und von einer Ohnmacht in die andere fällt. Diese Art von Gelassenheit ist beispielsweise im Umgang mit Medien nahezu überlebenswichtig. Ansonsten könnte sich jemand, der aufgrund seiner besonderen Tätigkeit im öffentlichen Rampenlicht steht, sogar ein recht schweres Trauma „einfangen".

Die eigentliche Verletzung ist also gar nicht nur der Ärger oder der Schmerz über das, was einem angetan wurde. Die traumatische Verunsicherung entsteht dadurch, daß man niemals dachte, daß so etwas passieren würde und sich ab jetzt ungeschützt fühlt. Hier paßt der bekannte Spruch: „Ich glaube, ich bin im falschen Film." Wir überprüfen in unseren Coachings aus diesen Gründen auch die Beliefs, welche unsere Klienten über zwischenmenschliche Beziehungen im Leistungsbereich mitbringen, wie z.B.: „Das wird man mir danken", oder: „Wenn ich fair bin, sind die anderen es auch", oder gar: „So etwas passiert mir nicht." Bergen diese unbewußten Annahmen ein hohes Enttäuschungspotential, erweitern wir mit Coaching diese unbewußten Annahmen, um auf das große Spektrum menschlicher Reaktionen im Spitzenleistungsfeld besser vorbereitet und dadurch gelassener zu sein.

In diesem Zusammenhang vermitteln wir auch Know-how zum Thema „Menschenkenntnis": Wie kann man bewußt eine positive Wellenlänge zu verschiedenen Menschen aufbauen, wie entstehen Mißverständnisse, was ist eine Übertragung, warum ist Neid ein natürliches Phänomen, mit dem ein Spitzenleister rechnen muß usw. Dieses Know-how wird dann zum schützenden Nervenkostüm, wodurch man selbst im Fluß bleibt. Denn es kann einem Spitzenleister nichts Schlimmeres passieren, als „einzuschnappen" und innerlich „einzupacken". Daher haben wir einem der wichtigen Themen zur Menschenkenntnis, dem Thema Kränkungen und Rachegefühle, hier noch ein kleines Extra-Kapitel gewidmet.

13. Warum sind Kränkungen und Rachegefühle die größten Leistungsblockaden?

Eigentlich basieren die meisten der klassischen Westernfilme auf dem gleichen Plot: Ein einsamer, ernst oder gar finster schauender Held reitet ruhelos durch die Gegend, um jemanden zu finden, an dem er sich rächen muß. Solange die Sache nicht vom Tisch ist, kann er mit seinem Leben nichts Vernünftiges anfangen: Er kann sich nicht verlieben, nicht seßhaft werden, kein Haus bauen, geschweige denn einen Baum pflanzen. Diese ewige Story findet immer wieder ein gebanntes Millionenpublikum, welches diesen Helden aus tiefstem Herzen versteht. Denn jeder von uns hat so einen ruhelosen Helden, der noch abrechnen muß, in sich. Da war der Lehrer, welcher einem ein Leben als Versager prophezeite, die arrogante Klicke, welche einen ausschloß, der Ex-Lover mit seinen herablassenden Bemerkungen, und nun ist da auch noch der unmögliche Vorgesetzte, der menschlich gesehen eine Katastrophe ist. „Ihr werdet euch noch wundern", heißt da die Devise. Das kann zweierlei bedeuten: 1. „Von mir bekommt Ihr nichts mehr", oder 2.: „Ich werde es euch zeigen – jetzt erst recht."

Evelyn Kroschel hat zu diesem Thema ein interessantes Buch geschrieben mit dem Titel: *„Die Weisheit des Erfolgs"*. Hier zeigt sie deutlich auf, wie Kränkungen Rachegefühle nach sich ziehen und wieviel wertvolle Leistungskraft dadurch beispielsweise in einem Unternehmen verlorengeht. Wir möchten an dieser Stelle nur erwähnen, daß man im Spitzenleistungsbereich mit Kränkungs- und Rachegefühlen nicht den anderen „eins auswischt", sondern daß man vor allem seine eigenen Ressourcen blockiert. Diese „Abrechner-Aktivierung" geht leider auf Kosten der persönlichen Ausstrahlung, ihres Charismas. Denn der Cowboy – das gleiche gilt natürlich auch für Cowgirls – zeigt jedem sein finsteres Gesicht und läßt seine Verletzung überall durchschimmerm – auch bei denen, die ihm nichts getan haben. Denken Sie hier nochmals an Karsten, der nach der Enttäuschung mit Söhnke anfing, auch auf andere junge Kollegen abweisend zu reagieren. Die Gefahr, „Unschuldige" zu treffen, ist also bei einem chronischen Gekränktsein besonders hoch.

Die ganze Energie eines Gekränkten richtet sich auf „Wiedergutmachung" und somit in die Vergangenheit. Das Unbefriedigende daran ist, daß man bei diesen Formen von Verletzung den Täter nur sehr selten wirklich zufriedenstellend zurücktreffen kann. Leider vergeht bei dem ganzen Wirbel viel Zeit und das ist schade. Denn in dieser Warteschleife auf Wiedergutmachung wird die persönliche Entwicklung auf Eis gelegt, wie das Beispiel des Cowboys zeigt. Langfristige Spitzenleistung hat jedoch immer mit Persönlichkeitsentfaltung und nicht mit Persönlichkeitserstarrung – bis zur Klärung des Falls – zu tun. Das schwerwiegendste und zugleich negativste Element an Rachegefühlen ist aber die Bereitschaft, notfalls „über die eigene Leiche" zu gehen, was nichts anderes heißt, als seine Lebensqualität und Gesundheit zugunsten der Wiedergutmachung bereitwillig aufs Spiel zu setzen. EMDR kann hier eine wertvolle Hilfe sein, um die innere Kränkung zu überwinden, sich aus dem Verletzt-Sein zu befreien und aus dem ruhelosen Reiter zu einem seßhaften Farmer mit reichen Ernteerträgen zu werden. Denn obwohl das Leben um einen herum tobt, kann und darf doch die innere Welt heil sein und bleiben.

14. Welche Rolle spielen Vorerfahrungen bei Post-Achievement-Streß?

Stellen Sie sich einmal vor, jemand rempelt sie in einer Warteschlange leicht am Oberarm und entschuldigt sich gleich dafür. Die meisten würden dann sagen: „Ist schon in Ordnung, es ist ja gar nichts passiert!" Nun stellen Sie sich weiter vor, Sie hätten genau an diesem Oberarm aber schon einen schmerzenden blauen Fleck. Dann würden Sie aufschreien und sich den Arm halten, was der arglose „Rempler" sicher überhaupt nicht verstehen könnte, denn so heftig hat er sie ja nicht gerempelt. Aus seiner Sicht ist Ihre Reaktion übertrieben. Ähnliche Szenen spielen sich täglich in der zwischenmenschlichen Kommunikation ab. „Der oder die hat da einen wunden Punkt" heißt es dann.

Diese „wunden Punkte" sind traumatische Vorerfahrungen, welche ein Mensch in seiner Lebensgeschichte erlitten hat. Im Einführungskapitel haben Sie ja bereits erfahren, daß ein unbearbeitetes Trauma die unangenehme Eigenschaft hat, das innere Zeitgefühl vorübergehend außer Kraft zu setzen. Erinnert eine heutige Situation – beispielsweise ein reklamierender Kunde – bewußt oder unbewußt an ein Trauma mit einem früheren Lehrer, fühlt man sich tatsächlich wieder „so klein mit Hut" – so wie man damals war. Der Verstand mag dann sagen: „Das hast du doch als Geschäftsführer gar nicht nötig!", aber das Gefühl hat Angst vor der schlechten Zensur oder gar vor einem peinlichen „Sitzenbleiben". Viele Klienten wundern sich über diese Zusammenhänge, da die früheren Ereignisse teilweise doch schon Jahrzehnte alt sind. Hier ist dann wieder die ausführliche Information über Traumatisierung wichtig, um die aktuelle Bedeutung von „alten" Erlebnissen nachvollziehen zu können.

Wann immer wir mit unseren Klienten ein Mini-Trauma bearbeiten, testen wir auch nach möglichen Vor-Traumatisierungen, die er oder sie möglicherweise schon in die Situation mit hineingebracht hat. Sind solche vorhanden, müssen sie immer mitbearbeitet werden, um ihn oder sie wieder etwas „rempel-resistenter" zu machen. Sehr oft kennen unsere Klienten schon ihre „wunden Punkte" aus der Lebensgeschichte. Manchmal tauchen sie aber im Laufe der Intervention erst auf. Es ist, als würde man durch das „Winken" in eine Art assoziatives Netzwerk geraten, in welchem traumatische Verletzungen gespeichert sind. Oft liegen Parallelen zum heutigen Ereignis auf der Hand, manchmal wundern die Klienten sich aber auch über die aus der Vergangenheit auftauchenden Szenen.

Unsere in ihrem Unternehmen sehr erfolgreiche Klientin Ines litt beispielsweise unter den permanenten Attacken eines neidischen Kollegen. Ihr Problem war, daß sie sich sogar auch noch am Feierabend und am Wochenende über ihn ärgerte, weil sie sich irgendwie nicht richtig wehren konnte. Während einer Sitzung tauchte plötzlich die Erinnerung auf, wie ihre ältere Schwester sie im Alter von fünf Jahren im Streit vom Hochbett schubste und sie sich dabei sehr weh tat. Die herbeieilenden Eltern schimpften dann mit beiden streitenden Kindern, anstatt sie zu beschützen und die Schwester zu verwarnen. Das sogenannte Unbewußte assoziierte demnach nun den neidischen Kollegen mit der Schwester, wobei es sich überhaupt nicht darum scherte, daß der Kollege männlich ist. Das kommt den Klienten zunächst oft unlogisch vor. Unser Unbewußtes sortiert jedoch nicht wie der Computer des Einwohnermeldeamts nach Kategorien wie „männlich" oder „weiblich", sondern nach „fühlt sich so ähnlich an wie ...".

Der Sortierungsschlüssel richtet sich demnach einzig und allein nach unseren bei der Traumatisierung entstandenen Emotionen: Angst, Wut, Trauer, Scham, Ekel. Gibt es hier große Ähnlichkeiten, werden die Ereignisse in der gleichen „Trauma-Schublade" abgelegt. Als Erwachsener mag man sich dann zusätzlich wundern, warum beispielsweise ein Kindheitsereignis noch im heutigen Leben seine Wirkung haben kann: „Aber überall haben doch Geschwister mal Streit miteinander", sagte auch Ines. Man sollte jedoch nie mit den Kriterien des großen Erwachsenen auf das eigene jüngere Ich schauen. Das Nervensystem hat die Emotion nämlich haargenau so zum „Standbild" gemacht, wie die Szene damals direkt auf die Fünfjährige gewirkt hat. Und diese Gefühle werden bei der sogenannten Retraumatisierung wieder aktiv. Bei Ines ging es dabei nicht nur um den Streit mit der Schwester, sondern auch die ohnmächtige Wut angesichts der ungerechten Eltern mußte noch mitbearbeitet werden. Denn genau diese ohnmächtige Wut fühlte sie auch, wenn der Kollege seine Spitzen gegen sie losschoß. Nach dem Coaching konnte sie ihn dann „so richtig schön zusammenfalten", weil sie sich dann groß und aktiv fühlte.

Auch wenn bei unseren Klienten spontan oder in den Tagen nach der Intervention keine weiteren Erinnerungen mehr auftauchen, überprüfen wir dennoch der Sicherheit halber, ob es noch Vortraumatisierungen zum mitgebrachten Thema gibt. Hier benutzen wir die Techniken der sogenannten Psychokinesiologie nach Klinghardt. Dabei setzen wir – wie in der Kinesiologie – einen Muskeltest ein, meist den O-Ring-Test, wobei der Klient Daumen und Ringfinger mit Kraft in Form des Buchstaben „O" zusammenhält. Ist das assoziative Netzwerk ausreichend beruhigt, testet der Muskel stark. Gibt es noch weitere Streßspuren zu diesem Thema, testet er schwach und man kann dann mit Hilfe des Tests erforschen, wo es in der Lebensgeschichte noch ein weiteres „Energieleck" gibt. Dieses Vorgehen schildern wir noch näher im Rahmen der Vorstellung unseres Wingwave-Coachings zum Abschluß dieses Buches.

Bei Karstens Geschichte stießen wir noch auf eine Streßspur im Alter von sechzehn Jahren. Damals wollten seine Eltern, daß er schnell von der Schule abgeht und einen Beruf erlernt. Er jedoch hatte den Wunsch, weiter zur Schule zu gehen und Abitur zu machen. Die Lehrer reagierten gleichgültig, die Eltern ablehnend auf diese Pläne. Er mußte sich mit aller Kraft durchsetzen, um weiter zur Schule gehen zu können. Einerseits ist er heute noch stolz auf diesen Alleingang, andererseits fühlte er sich damals aber ziemlich allein gelassen und hätte sich sehr gewünscht, daß sich jemand für ihn eingesetzt hätte. „So etwas wie einen Mentor hätte ich gebraucht", sagt er heute.

Man kann rückwirkend sagen, daß Karsten in Söhnke teilweise auch sein eigenes jüngeres Ich gesehen hat und daß er ihn deswegen so engagiert unterstützte. So eine Psychodynamik nennt man Projektion: Man entdeckt in einem anderen Menschen ein Gefühl oder ein Bedürfnis, welches eigentlich zu einem selbst gehört. Dieses Gefühl oder Bedürfnis gesteht man sich selbst aber nicht ein, man hat es „abgespalten". Als 16jähriger mußte Karsten nämlich seine Traurigkeit über das Alleingelassen-Werden verdrängen, um sich voll und ganz auf sein Ziel konzentrieren zu können. Diese emotionale Strategie nennt man auch „abschirmen". Sind Menschen beispielsweise auf der Flucht, können sie sich auch nicht um die Blasen an ihren Füßen kümmern und ein „Gehwohl-Bad" nehmen. Sie müssen trotz der Schmerzen weiterlaufen. Deshalb verdrängen sie den Schmerz, spalten ihn also ab. Aber das abgespaltene Gefühl wird im Nervensystem unverarbeitet nur „geparkt" und kann immer wieder auftauchen – notfalls indem man annimmt, ein anderer hätte das Gefühl.

„Wenn ich das so sehe, so hat sich Söhnke zwar über meine Unterstützung gefreut, sie war für seine Gefühlswelt aber nicht von so immenser Bedeutung, wie ich aufgrund meiner Projektion unbewußt dachte", faßte Karsten die Überlegungen zusammen. Übrigens kann eine Projektion auch andersherum laufen als in Karstens Fall: Man möchte dem Gegenüber nicht helfen, sondern versucht ihn zu bekämpfen, weil er Eigenschaften oder vermeintliche Schwächen hat, die man an sich selbst nicht mag. In Karstens Fall handelte es sich also um eine positive Form von Projektion. Die Traurigkeit von damals mußten wir also noch mitbehandeln, damit er nicht wieder unbewußt gesteuert in die Rolle des großen Helfers gerät, ohne zu registrieren, ob das Gegenüber tatsächlich so große Hilfe benötigt, was dann zwangsläufig immer wieder zu Enttäu-schungen hätte führen können.

Über das Thema „EMDR und Kinesiologie" finden Sie übrigens am Ende des Buches noch weitere Informationen.

15. Was ist der „Hitchcock-Effekt"?

All diese Ausführungen zeigen Ihnen, daß ein Mini-Trauma rein optisch für einen Laien oft nicht ohne weiteres nachvollziehbar ist. Ein Mensch kann sich getroffen, verletzt, verwundet fühlen, ohne daß er tatsächlich körperlich jemals in Gefahr ist oder war. Da hat ein anderer Mensch einen kleinen Satz gesagt, da stand „nur" ein bestimmter Artikel in der Zeitung, und dennoch schlagen die Emotionen Wellen, als sei man in Lebensgefahr geraten. Manchmal mag man sich dann sogar wünschen, es sei wenigstens etwas „Echtes" passiert wie beispielsweise ein Unfall. Denn bei den nicht offensichtlichen Verletzungen fangen viele Menschen an, ihren Emotionen und damit sich selbst zu mißtrauen. Das Gefühl wird durch die Situation scheinbar nicht gerechtfertigt, man glaubt sich anzustellen.

Wir sprechen bei dieser Widersprüchlichkeit zwischen äußerem Anlaß und subjektivem Erleben zur Veranschaulichung vom „Hitchcock-Effekt". Hitchcocks Spezialität waren Psychothriller, in denen er viel lieber das Grauen im inneren Erleben als im äußeren Umfeld inszenierte. Beispielsweise findet ein Mensch in einem Zimmer eine Leiche. Erschrocken läuft er davon und alarmiert seine Mitmenschen. Als man zusammen in das Zimmer zurückkehrt, ist die Leiche natürlich verschwunden. Der Grusel ist also nicht die Leiche, sondern er besteht in dem Erlebnis, daß der arme Leichenfinder seiner Wahrnehmung nicht trauen kann. „Na ja, du hast ja auch eine aufregende Woche hinter dir", sagen die anderen dann begütigend oder: „Manchmal wirft die Gardine so komische Schatten, das sieht dann schon mal seltsam aus ..." Durch diese Bemerkungen wird alles natürlich nur noch schlimmer.

Im Coaching hat man es sehr oft mit diesem Hitchcock-Phänomen zu tun. Wir können nur jeden dazu ermutigen, seine Emotionen ernst zu nehmen, denn mit den relativ neuen Erkenntnissen aus der Psychotraumatologie sind sie meist vollständig erklärbar – nur eben nicht auf den ersten Blick. Lesen Sie hier nochmals eine kurze Zusammenfassung der möglichen Ursachen für die Entstehung von Mini-Traumata im Spitzenleistungsfeld:

1. Sie haben in den letzten Monaten schleichend wegen Dystreß oder Eustreß ein zu hohes chronisches Arousal entwickelt und erleben deshalb „Spitzen" von außen wie durch ein „mentales Vergrößerungsglas".

2. Irgendeine Komponente einer aktuellen Situation – und das kann nur ein bestimmter Tonfall in der Stimme eines Gesprächspartners sein – erinnert Sie unbewußt an ein altes Trauma und führt entsprechend zu einem emotionalen Flash-Back-Phänomen.

3. Ein Mensch oder eine Gruppe von Menschen haben Sie enttäuscht. Dabei handelt es sich um Menschen, von denen Sie diese Art Handlung oder Reaktion nie erwartet hätten – Ihr inneres Bild von der Welt wurde also erschüttert. Sie glauben, Sie sind im „falschen Film" und denken vielleicht: „Das darf doch nicht wahr sein!"

4. Sie leiden wegen eines belastenden Erlebnisses unter PAS und wundern sich, daß die Auswirkungen sich nicht wie gewohnt von allein beruhigen. Wiederum denken Sie: „Das darf doch nicht wahr sein", weil Sie für sich bisher glaubten, daß die Zeit immer „alle Wunden heilt". Sie wissen nicht, daß Ihre mentalen Selbstheilungskräfte neurologisch blockiert sind, weil das Ereignis auf rein körperlicher Ebene ihre Reizverarbeitungsmechanismen überfordert hat und nun ihr Zeitgefühl bezüglich dieses Ereignisses nicht mehr wie sonst funktioniert. Das bedeutet aber nicht, daß Sie eine Mimose sind, da so etwas auch dem psychisch stabilsten Menschen passieren kann.

16. Wieso ist „Kompensation" ein Energiefresser?

Stellen Sie sich vor, jemand hat eine schmerzende Hüfte. Doch anstatt die Schmerzen behandeln zu lassen, gewöhnt er sich eine Schonhaltung an: Er fängt an sich so zu bewegen, daß die schmerzende Hüfte nicht mehr belastet wird, er kompensiert also den schmerzenden Bereich mit den Muskelgruppen der gesunden Körperbereiche. Eine Weile klappt das recht gut. Doch nach einiger Zeit reagieren auch die gesunden Bereiche auf die ständige Überlastung und beginnen Probleme zu machen.

Auch im psychischen Erleben versucht jeder Mensch, sich in der Balance zu halten. Leidet er bewußt oder unbewußt unter posttraumatischem Streß, versucht er – und das ist ein völlig gesunder Impuls – zu dieser latenten Beeinträchtigung ein Gegengewicht zu finden. Stellen Sie sich posttraumatischen Streß wie einen Tinnitus auf emotionaler Ebene vor: Eine subjektiv als unangenehm eingestufte Emotion wie Angst, Wut, Trauer, Scham oder Ekel veranstaltet in der Gefühlswelt ein „Dauergeräusch". Einen Dauerton kann man nicht durch Stille und Ruhe unwirksam machen, sondern das beste Mittel besteht darin, ihn durch einen noch lauteren Ton zu übertönen und damit subjektiv auszuschalten.

Posttraumatischer Streß oder PAS spielt sich als Daueraktivierung auf einer unbewußten Ebene ab: Man fühlt sich quasi „unterirdisch" unwohl, ohne nun immer an ein auslösendes Ereignis denken zu müssen. Bilder und Erinnerungen an Gespräche können sich mal ausblenden, aber das emotionale Drücken oder Pieksen bleibt. Das ist natürlich unangenehm. Nun macht man plötzlich die Entdeckung, daß intensives Arbeiten „lauter" ist als der unangenehme emotionale Mißton. Das ist zunächst eine Erleichterung, und die Psyche erlebt Arbeiten nun wie eine gute Medizin gegen die unangenehme Dauer-Beeinträchtigung, den „unterirdischen Streß" – wie ein Klient einmal formulierte. Die Arbeit betäubt die seelische Mißempfindung. Auf diese Weise wird Arbeit zur Kompensation. Ihre eigentliche Funktion besteht jetzt nicht mehr im Erlangen von Erfolg, Freude und Persönlichkeitsentfaltung, sondern hauptsächlich in ihrer therapeutischen Wirkung. Wird die Arbeit „leiser", setzt also Ruhe ein, hört und fühlt man leider wieder den emotionalen Mißton, also wird schnell wieder „aufgedreht".

Menschen kompensieren aber nicht nur mit Arbeit, sondern auch mit übermäßigem Essen, Trinken, Rauchen, Sport treiben, auf Parties gehen – dem „Übertönen" sind da keine Grenzen gesetzt. Dabei geschieht die Auswahl der kompensatorischen Handlung oft sogar nach dem Zufallsprinzip: Einfach jede Tätigkeit, welche den chronisch rumorenden Streß angenehm „übertönt", wird vom Nervensystem scheinbar als Medizin registriert und entsprechend eingesetzt. Deswegen ist es auch müßig, mit Menschen darüber zu diskutieren, warum es ungünstig ist, ein Workaholic zu sein oder zu viel zu essen – das weiß deren Unbewußtes ja schon längst. Die Nachteile werden einfach wie bei einem sehr guten und wirksamen Medikament in Kauf genommen. Viel wichtiger ist doch die Frage, welchen positiven Effekt das Verhalten hat: Es kompensiert und sorgt dafür, daß der Schmerz oder der Streß nachläßt. Es sorgt für Ausgleich.

Obwohl Kompensation also eine positive Absicht hat, ist doch als Folge ein hoher Energieverschleiß zu registrieren. Einerseits leidet das Nervensystem schon unter dem inneren „Dornröschenschloß" und muß den von dort ausgehenden Dauerstreß ertragen. Dann muß es noch ein aufwendiges Verhaltenssystem organisieren, damit man den Kontakt mit der inneren Dornenhecke vermeidet, um dort nicht hängenzubleiben. Das ist so, als würde ein Auto permanent mit angezogener Handbremse unter Vollgas gefahren werden.

Mit dieser Metapher motivieren wir Klienten, ihre „wunden Punkte" zum Heilen bringen zu wollen. Denn viele sagen tatsächlich: „Hätte ich damals diese Katastrophe nicht erlebt, wäre ich heute nicht so erfolgreich." Natürlich stellt sich gerade bei Kompensation oft ein sehr großer Erfolg ein. Doch wir können versichern, daß alle unsere Klienten auch nach einem EMDR-Coaching sowohl ihr Leistungsniveau als auch ihre Motivation halten konnten. Doch wandelte sich in allen Fällen die kompensatorische „Weg-von-Motivation" in eine „Hin-zu Motivation", was von allen als großer Gewinn für eine positive Lebensqualität empfunden wurde. „Es fühlt sich einfach gesünder an!", faßte beispielsweise Karsten diesen Effekt in einem Satz zusammen. Das Nervensystem muß sich nicht mehr selbst gleichzeitig aktivieren und bremsen, sondern kann alle Energie angenehm fließend in das tägliche Wirken geben.

III. Die klassische EMDR-Intervention

In diesem Kapitel fassen wir für Sie kurz die wichtigsten Schritte der EMDR-Intervention zusammen. Sie vertiefen noch Ihre genaue Vorstellung von einer EMDR-Sitzung und erleben gleichzeitig eine gute Einleitung in das Selbst-Coaching mit dieser Methode. Weitere Feinheiten zur Durchführung haben Sie schon im Kapitel „Was passiert in der EMDR-Sitzung?" gelesen, wo wir einen EMDR-Ablauf mit dem Klienten Karsten vorstellen. Bei weiterem Interesse über die Details der Durchführung lesen Sie sich diese Schilderung doch einfach ein zweites Mal durch.

An einigen Stellen haben wir hier bereits dem ursprünglichen Protokoll einige Elemente aus dem NLP hinzugefügt – soweit dies für das Thema Coaching erforderlich ist.

17. Die zwölf Phasen der EMDR-Intervention

1. Phase: Die inhaltliche Vorbereitung

Der Klient wird ausführlich auf die EMDR-Intervention vorbereitet. Dabei erfährt er auch über die Grundannahme der Methode, daß also unangenehme Emotionen wie ein „emotionaler Tinnitus" im Nervensystem unverarbeitet „hängenbleiben" können. EMDR bringt einen natürlichen, körpereigenen Verarbeitungsprozeß zum Laufen, der hilft, nicht nur kognitiv, sondern auch im Fühlen „über die Sache hinwegzukommen". Wir erläutern, welche Phänomene – wie z.B. das „Küchenjungen-Phänomen" – beim „Processing" auftreten können. Für den Ablauf der inneren Erlebnisse suchen wir gemeinsam nach einer Metapher, wie z.B.: „Alles läuft wie im Kino ab, aber Sie sitzen dabei sicher in Ihrem Polstersessel." Im Ressourcen-Coaching informieren wir noch darüber, daß mit EMDR auch positive Emotionen und Allgemeinzustände noch verstärkt und stabilisiert werden können.

Schon an dieser Stelle kann getestet werden, wie die Intervention genau durchgeführt werden soll: Wie weit von den Augen entfernt wird gewunken, welche Bewegungen sind angenehm? Beispielsweise empfinden einige Klienten diagonale Bewegungen angenehmer als horizontale. Wie weiter vorn erwähnt, können auch bilaterale Stimulationen wie auditive Reize oder abwechselndes „Tippen" an Händen, Schultern oder den Knien ausprobiert und vereinbart werden. Weiterhin gehört zum praktischen Aufbau, also dem „Setting", noch die Einrichtung der beiden Stühle: Coach und Klient sitzen versetzt gegenüber, als wären die Stühle zwei Schiffe, die auf einem Fluß kurz davor sind, aneinander vorbeizufahren.

2. Phase: Einbau von Sicherheiten

Coach und Klient verabreden zwei Zeichen. Das Stopzeichen zeigt an, daß der Klient eine Unterbrechung der Intervention wünscht, mit dem „Weitermachen-Zeichen" signalisiert er, daß er jetzt noch schnell ein Fortfahren des „Winkens" wünscht, um über eine emotionale Hürde hinwegzukommen. Gut vorbereitete Klienten nutzen das Stop-Signal übrigens äußerst selten. Eine Klientin formulierte diesbezüglich folgende Metapher: „Angenommen, ich mag keine Tunnels. Doch bei einer Zugfahrt muß ich durch einen Tunnel hindurchfahren. Dann würde ich doch auch nicht im Tunnel die Notbremse ziehen, damit der Zug anhält. Ich will doch schnell am anderen Ende des Tunnels ankommen und wieder den Himmel sehen."

Weiterhin wählt der Klient eine „sicheren Ort". Hiermit ist die Erinnerung an einen Ort oder eine Situation gemeint, wo der Klient sich einmal sehr wohl, sicher und kraftvoll gefühlt hat. Der Coach läßt sich diesen Ort konkret und sinnesspezifisch beschreiben: Wie sieht es dort aus, was hört man da, wie fühlt sich die Erinnerung an, gibt es vielleicht sogar einen Geruch oder einen Geschmack, der an diesen sicheren Ort erinnert? Mit diesen Informationen können Coach und Klient gemeinsam im Prozeß immer wieder dafür sorgen, daß der Klient sich mental auch im laufenden EMDR-Prozeß an diesen sicheren Ort begeben und dort Energie tanken kann. Wir selbst bevorzugen hier als zusätzliche Sicherheit noch die körperliche Verankerung, wie beispielsweise durch einen Händedruck oder einen bunten Glasstein, den der Klient schnell selbst in die Hand nehmen kann.

3. Phase: das Thema fokussieren

Hier wird genau bestimmt, auf welche Erinnerung oder Vorstellung der Klient beim Winken seine innere Wahrnehmung fokussieren soll. Entweder ist es das unangenehmste Bild oder der unangenehmste gehörte Satz beim Erinnern eines Streß-Erlebnisses. Beim Ressourcen-Coaching denkt der Klient vielleicht an ein Projekt, für das er oder sie gute Ideen braucht. Beim Sport-Coaching versetzt sich der Klient beispielsweise in einen Bewegungsablauf, den er perfektionieren oder beschleunigen möchte. Für Ressourcen-Coaching fnden Sie im nächsten Kapitel noch weitere Beispiele.

4. Phase: eine blockierende Ich-Kognition finden

Hier sucht der Klient nach einem sogenannten Ich-Satz, der sein emotionales Erleben bezüglich des Themas spiegelt, wie z.B.: „Ich bin am Boden zerstört", „Ich bin hilflos" oder auch: „Ich bin wie ausgeschaltet" usw. Hier ist oft die gezielte Hilfe des Coaches wichtig, um genau den Satz zu finden, welcher die emotionale Qualität des gewählten Themas auf den Punkt bringt.

5. Phase: eine positive Ich-Kognition bestimmen

Jetzt wird die Frage gestellt: Was würden Sie eigentlich lieber über sich selbst bezüglich dieses Themas bzw. im inneren Umgang mit diesem Thema glauben? Man versucht, einen Satz zu finden, welcher ein gutes Gegengewicht zum blockierenden Satz darstellt, wie z.B.: „Ich habe Power", „Ich kann es schaffen" oder: „Ich stehe über den Dingen." Es ist natürlich klar, daß der Klient vor der Intervention sich von der Gefühlsqualität, welche dem positiven Satz entspricht, innerlich weit entfernt fühlt nach dem Motto: „Schöner Satz, wäre schön, wenn ich's glauben könnte." Und genau hiernach wird jetzt gefragt: „Nehmen wir an, man könnte die subjektive Glaubwürdigkeit von Sätzen mit einer Skala messen. Die Skala geht von 1 bis 7, wobei 7 heißt: ‚Stimmt hundertprozentig, trifft genau zu', die Ziffer 1 bedeutet hingegen: ‚Völlig unglaubwürdig'. Wie würden Sie jetzt im Hinblick auf das fokussierte Thema den positiven Satz auf der Skala zuordnen?" Die meisten Klienten nennen hier Werte zwischen 1 und 3, da der Satz noch sehr weit von den emotionalen Erlebnisinhalten entfernt ist.

6. Phase: die Emotion benennen

Hiermit ist das Gefühl gemeint, welches die psychophysiologische Gesamtverfassung des Klienten in Gedanken an sein Thema spiegelt. Im Bereich der subjektiv als negativ empfundenen Emotionen sind das: Angst, Panik, Wut, Ärger, Trauer, Ekel oder Scham. Ebenfalls wird benannt, wenn der Klient auf eine unangenehme oder seltsame Weise keinerlei Emotion fühlt: wie taub, leer, kalt oder gar innerlich abgestorben.

Beim Ressourcen-Coaching werden Emotionen oder psychophysiologische Gesamtzustände benannt, welche die Klienten schon an sich wahrnehmen, welche Sie als Ziel aber noch verstärken möchten: Freude, Genuß, Spaß, Zufriedenheit, wache Aufmerksamkeit usw.

7. Phase: das Ausmaß der subjektiven Berührtheit bestimmen

In dieser Phase arbeiten wir beim Coaching mit einer bipolaren Skala. Sie geht von dem Wert -10 über 0 bis zum Wert +10. Der Wert 0 bedeutet: „Ich fühle mich neutral". Beim Wert -10 hieße die Zuordnung: „Es ist die schlimmste vorstellbare subjektive Beeinträchtigung." Die Minus-Seite der Skala benötigt man natürlich zur Veranschaulichung des subjektiven Unbehagens. Bei +10 heißt es dann entsprechend: „Schöner, besser oder angenehmer geht's nicht mehr." Bestimmt wird nicht, wie stark die Gefühle damals, beim erinnerten Ereignis waren. Vielmehr geben die Klienten an, wie intensiv sie sich jetzt im Moment von der Erinnerung berührt fühlen.

Die Positiv-Seite der Skala, also die Wellness-Skala, wird oft im Ressourcen-Coaching genutzt. Sie wird aber auch im Rahmen der Verarbeitung von PAS von den Klienten in Anspruch genommen. Denn viele fühlen sich nach einer gelungenen EMDR-Intervention nicht nur neutral, sondern erleichtert, befreit, „wie neu". Diese angenehmen Effekte werden dann der Wellness-Skala zugeordnet.

8. Phase: das „Körperecho" der Emotion wahrnehmen

Diesen Vorgang nennt man auch „Bodyscan". Er ist auch für ein erfolgreiches Selbst-Coaching wichtig. Hier wird der Körper sozusagen Zelle für Zelle durchgespürt mit der Fragestellung: „Wo genau spüren Sie das Unbehagen im körperlichen Erleben?" Antworten könnten sein: eine Spannung im Nacken, ein Engegefühl im Hals, Herzklopfen, ein Druck auf dem Brustkorb oder im Magen. Bei positiven Gefühlen läßt man ebenfalls den Körperfokus bestimmen. Gibt der Klient mehrere Bereiche an, fragt der Coach weiter: „Welcher Bereich meldet sich am intensivsten?" oder auch: „Von welchem Bereich geht das Gefühl aus?" Wir selbst lassen noch genauer differenzieren: Ist das „Körperecho" vom Fühlen her:

→ Leicht oder intensiv?
→ Kühl oder warm?
→ Zentriert sich das Gefühl z.B. wie ein „Knoten" bzw. empfindet man es als „geballt"? Oder hat es eher Fläche?
→ Hat das Gefühl Bewegung oder ist es ganz ruhig?
→ Wenn Bewegung: ist es fließend oder strahlend?
→ In Wellen, in einem Rhythmus oder gleichmäßig?

→ Welche Richtung nimmt die Bewegung: vorwärts, rückwärts hinauf oder herab, kreisend?

→ Wenn kreisend, wie herum?

→ Hat es noch eine besondere Qualität wie z.B. „kribbelnd" oder „pieksend"?

Diese genauen Feststellungen vom Körperecho sind deshalb so wichtig, da sie sich während der Intervention und vor allem auch beim Selbst-Coaching immer wieder als schnelles Erfolgsbarometer erweisen. Man kann nach jedem Interventionsset dann ganz gezielt sagen und wahrnehmen: „Das Gefühl wird langsamer, leichter, löst sich auf" usw. Bei einer positiven Empfindung kann die Wahrnehmung auch sein: „Das Gefühl wird stärker, intensiver usw."

9. Phase: die Intervention

Hier fokussiert der Klient das Bild und/oder Stimmen, Klänge, Geräusche der in Phase 2 bestimmten inneren Repräsentation seines Themas. Er denkt nochmals an die negative Kognition aus Phase 4. Nun wird gewunken: Ein Set umfaßt vielleicht 20 Hin- und Herbewegungen, ein Hin und Her pro Sekunde. Wir winken meistens bei einem Set so lange, bis der Klient eine parasympathische Reaktion zeigt: ein Durchatmen, eine Lockerung von verspannten Muskelgruppen, auch ein deutliches Schlucken sind körperliche Zeichen von physiologischer „Entstressung". NLPler mag interessieren, daß wir möglichst komplett alle Augenbewegungsmuster stimulieren, welche den Sinneskanälen entsprechen. Insgesamt werden so viele Sets durchgeführt, bis der Klient auf der Skala des subjektiven Unbehagens mindestens bei dem Wert von -2 ankommt, -1 ist noch besser. Erst bei diesen niedrigen Werten ist es sicher, daß sich die neurologischen Streßspuren ausreichend beruhigt haben. Im Plus-Bereich der Skala, also im Ausmaß des erreichten subjektiven Wohlbehagens, sind der Intervention natürlich keine Grenzen gesetzt.

Bei Karstens Beispiel haben Sie erfahren, daß sich während der Sets öfter die Emotion, das fokussierte Bild und auch das beim Bodyscan genannte Körpererleben ändern können. Dort können Sie – wie schon erwähnt – auch nochmals nachlesen, wie dann mit dieser Art des „Processing" umgegangen wird. Es kann auch sein, daß in rascher Folge neue Bilder und Themen auftauchen, wie etwa eine Erinnerung, die zeitlich vor dem jetzt behandelten Ereignis liegt. Dies wird stets zur Kenntnis genommen und sofort „bewunken". Zwischendurch kehrt man aber immer wieder zum ursprünglich fokussierten Thema zurück und fragt die subjektiv erlebte Veränderung ab.

10. Phase: die Verankerung

Fühlt sich der Klient jetzt frei, entlastet oder gar mental gestärkt, kehrt man konkret zum Ausgangsbild zurück. Nun wird gefragt, wie glaubwürdig jetzt die positive Kognition, welche in Phase 5 bestimmt wurde, beim Gedanken an das Ausgangsbild erscheint. Meist wird jetzt ein hoher Wert auf der Glaubwürdigkeitsskala angegeben, also 6 oder gar der Höchstwert 7. Jetzt denkt der Klient an die Ausgangsszene in Verbindung mit der positiven Kognition. Es wird wieder gewunken, was jetzt zu einer stabilen Verankerung zwischen der inneren Präsentation des behandelten Themas und der positiven Kognition führt.

11. Phase: Bodyscan

Hier testet der Klient nochmals genau, wie jetzt jede einzelne Körperzelle auf die innere Repräsentation des fokussierten Themas reagiert. Ist da noch eine kleine Spannung, ein Druck, ein Unbehagen als Körperecho vorhanden, wird zur Sicherheit nochmals gewunken. Manchmal spüren die Klienten auch angenehme Gefühle als Körperecho. Dann fragen wir, ob wir diese positiven Empfindungen durch weiteres Winken noch verstärken wollen. Dieser abschließende Bodyscan hat zum Ziel, das bestmögliche Ergebnis an körperlichem Wohlbehagen beim Denken an das Thema zu erreichen.

12. Phase: die Überbrückung in die Zukunft

Hier informieren wir unsere Klienten noch über die Nachwirkungen der Intervention:

➜ Man könnte sich müde und angenehm erschöpft fühlen und sollte dann – so weit möglich – einem etwaigen Ruhebedürfnis auch nachgehen.

➜ Es können Tagtraumphänomene auftreten, da sich jetzt die neuen Informationen im Nervensystem „herumsprechen". Dieses Träumen oder Gedankenschweifen ist also ein gutes Zeichen für eine gelungene Integration des bearbeiteten Themas. Auch ansonsten sind Alltagstrancen übrigens gesunde Phänomene. Sie sorgen nämlich dafür, daß auch tagsüber die „Akkus" unseres Gehirns wieder aufgeladen werden.

→ Manchmal tauchen auch noch weitere Erinnerungen oder intensive Träume auf, die assoziativ im Zusammenhang mit dem bearbeiteten Thema stehen. Diese können auch wieder mit entsprechenden Emotionen verbunden sein und somit auch einmal zum „Küchenjungen-Phänomen" führen. Gut informierte Klienten können immer souverän mit diesen mentalen Erscheinungen umgehen. Die neu aufgetauchten Erinnerungen oder auch Träume werden aufgeschrieben und dann in der nächsten Sitzung auf die bewährte Art verarbeitet.

18. Zusammenfassung der 12 Phasen

1. Die inhaltliche Vorbereitung
2. Einbau von Sicherheiten
3. Das Thema fokussieren
4. Eine blockierende Ich-Kognition finden
5. Eine positive Ich-Kognition bestimmen
6. Die Emotion benennen
7. Das Ausmaß der subjektiven Berührtheit bestimmen
8. Bodyscan: das „Körperecho" der Emotion wahrnehmen
9. Die Intervention
10. Die Verankerung
11. Bodyscan
12. Die Überbrückung in die Zukunft

IV. Wingwave-Ressourcen-Coaching

In diesem Kapitel stellen wir Ihnen vor, wie wir den EMDR-Ansatz mit bewährten Verfahren aus dem Neurolinguistischen Programmieren (NLP) verknüpfen. Es ist gleichzeitig eine Einführung in unser Wingwave-Coaching. Die Darstellungen basieren meist auf den zuvor beschriebenen Phasen der klassischen EMDR-Intervention. Dabei wiederholen wir diese nicht in aller Ausführlichkeit, sondern zeigen nur, auf welche besondere Weise das jeweilige Ressourcen-Thema im jetzt bekannten Interventionsgerüst aufbereitet wird. Das Ressourcen-Coaching eignet sich auch sehr gut als Selbstmanagement-Methode. Sie können also die hier vorgestellten Methoden für sich selbst ausprobieren. Deshalb geben wir auch als Einstieg gleich eine Beschreibung für das Vorgehen im Selbst-Coaching.

Ressourcen-Coaching bezieht sich immer auf bereits schon vorhandene mentale Kraftquellen im Menschen. Das reine Trainieren von Fähigkeiten kann dadurch aber nicht ersetzt werden. Ein Sportler beispielsweise muß seine allgemeine Fitneß und vor allem die besonderen Bewegungsabläufe seiner Sportart regelmäßig trainieren. Ressourcen-Coaching kann aber darauf einwirken, in welcher mentalen Aktivierung jede Art von Leistung erfolgt. Es kann dafür sorgen, daß man auch auf „Durststrecken" positiv motiviert bleibt, daß man in entscheidenden Situationen von angenehmer Kraft statt von Angst durchströmt wird, daß die Reaktionsgeschwindigkeit und die Kreativität auf Spitzenniveau sind und daß das Nervensystem eine hohe Lernbereitschaft erlangt und behält.

Zu einigen der Kapitel haben wir nach der Darstellung des jeweiligen Coaching-Themas nochmals eine Zusammenfassung der wichtigsten Schritte wiedergegeben. Manchmal sind diese Zusammenfassungen kurz gehalten. Hier konzentrieren wir uns dann nur auf die wesentliche Strategie, welche der Intervention ihr spezielles Profil gibt. Dieses Kapitel gibt übrigens nur einen Einblick in die vielfältigen Kombinationsmöglichkeiten von NLP und EMDR. Es gibt noch zahlreiche weitere Interventionen, wie beispielsweise das Arbeiten mit der Timeline. Die folgenden Seiten sind also eher als „Appetithappen" zu verstehen.

19. Eine Einführung in Selbst-Coaching-Techniken

Eingangs möchten wir gleich erwähnen, wo Selbst-Coaching mit den hier vorgestellten Methoden keinesfalls eingesetzt werden sollte: beim Aufarbeiten von traumatischen Erinnerungen und beim Belief-Coaching, wie es weiter hinten vorgestellt wird. Bei posttraumatischem Streß oder PAS vermag sich niemand von sich selbst so weit zu distanzieren, daß er oder sie Coach und Betroffener gleichzeitig sein kann. Das Ergebnis eines solchen Selbstversuchs könnte leider sein, daß man sich in der Dornenhecke seines inneren Dornröschenschlosses verheddert und so inneren Streß aktiviert anstatt ihn zu beruhigen und zu integrieren. Wir möchten also hier vor einem Selbst-Coaching-Versuch ausdrücklich warnen und dringend empfehlen, sich bei solchen Themen immer einem professionellen Coach anzuvertrauen.

Belief-Coaching ist demgegenüber zwar nicht so riskant, aber oft einfach uneffektiv. Es ist nämlich nicht so einfach, seinen unbewußten inneren Kognitionen selbst auf die Schliche zu kommen – schließlich sind sie ja eben auch unbewußt. Ein Außenstehender kann da viel eher zu einem Überblick über Ihre eigenen ungünstigen Gedankenmuster kommen, mit denen Sie sich Ihr Leben unabsichtlich erschweren oder komplizieren. Auch hier führt also die Zusammenarbeit mit einem Coach zu schnelleren und besseren Ergebnissen. Aber auch für Selbst-Coaching-Themen empfehlen wir eine praktische Einarbeitung durch einen entsprechend ausgebildeten Coach oder Therapeuten.

Für die Selbst-Coaching-Themen lernen Sie jetzt drei Möglichkeiten der Selbst-Intervention kennen. Probieren Sie bitte aus, welche dieser Techniken für Sie am angenehmsten oder effektivsten sind. Bei allen dreien geht es um die Aktivierung einer sogenannten bilateralen Hemisphärenstimulation. Oder einfach ausgedrückt: Man kann damit die beiden Gehirnhälften motivieren und dazu überreden, optimal bezüglich des anvisierten Themas zusammenzuarbeiten.

1. Einige unserer Klienten kommen sehr gut damit zurecht, die Augenbewegungen selbst zu initiieren. Dabei sucht man sich jeweils rechts und links im jeweiligen Blickfeld optische Fixpunkte, wie etwa ein Fenster oder eine Vase, zwischen denen man dann den Blick wie einen Scheibenwischer hin- und herwandern läßt.

2. Die meisten unserer Klienten bevorzugen beim Selbst-Coaching den Einsatz einer speziell von uns entwickelten Musik, die für den bilateralen Stimulationseffekt mit

Kopfhörern gehört wird. Dabei wird ein musikalisches Thema mit im ursprünglichen „Winke-Takt" wechselnden Grundtönen am linken und rechten Ohr untermalt. Während des Hörens durchläuft man dann seine Selbst-Coaching-Themen. Mit dieser Technik arbeitete übrigens auch der anfangs erwähnte Musiker Leo zur Aktivierung seiner „texterischen" Kreativität. Wenn Sie auch mit dieser Musik arbeiten möchten, können Sie bei uns im Institut unter der im Anhang erwähnten Adresse die entsprechende CD bestellen. Sie eignet sich auch sehr gut, um zu seiner inneren Ruhe zurückzufinden. Weiterhin kann man die Musik bei körperlicher Aktivität, wie beispielsweise beim Spazierengehen, hören.

3. Als dritte Methode empfehlen wir die „Butterfly-Technik", welche Sie sehr gut im Liegen oder bequemen Sitzen anwenden können. Hierbei kreuzen Sie die Unterarme über dem Brustkorb, so daß Ihre Hände die beiden Schultern berühren können. Nun können Sie mit den beiden Handflächen die Schultern durch leichtes abwechselndes Klopfen im „Winke-Takt" berühren und so den gewünschten neuronalen Stimulationseffekt erzielen. Übrigens mögen auch Kinder diese Methode besonders gern anwenden. Die Butterfly-Technik ist – nebenbei erwähnt – auch ein hervorragendes Beruhigungsmittel kurz vor einer Zahnarztbehandlung. Sie kann wunderbar auf dem Behandlungsstuhl beim Warten auf das kommende Geschehen eingesetzt werden. Nehmen Sie Ihr Körperecho beim Gedanken an die Behandlung wahr, klopfen dabei und registrieren die angenehme Beruhigung Ihrer Gefühle.

Wir möchten mit Ihnen die Verabredung treffen, als Oberbegriff für alle „Hin- und Her-Techniken" ab jetzt den Begriff „Processing" zu benutzen, da der Begriff „bilaterale Hemisphärenstimulation" für den allgemeinen Sprachgebrauch einfach zu unkomfortabel ist. In der praktischen Anwendung heißt es dann beispielsweise: „Jetzt wird das Processing durchgeführt." Dabei steht frei, ob es sich um Augenbewegung, auditive Stimulation oder um die Butterfly-Technik handelt. Der Begriff repräsentiert die Information, daß die jeweiligen bilateralen Stimulationen eine beschleunigte Verarbeitung und Integration eines mentalen Themas bzw. einer Erinnerung bewirken. Mit dem Begriff „Set" ist dann – wie schon beschrieben – ein einzelner von mehreren Bewegungsdurchgängen gemeint.

20. Kraftquellen bewußt aktivieren

Jeder Mensch hat in seinem Leben schon viele kraftvolle, glückliche oder zufriedene Momente erlebt. Die positive Gefühlsqualität hat ihren Ursprung jedoch nicht nur in der von außen einwirkenden Situation. Vielmehr ist es eine Fähigkeit in uns, welche die Wahrnehmungen in positive Gefühle und Emotionen verwandelt. Diese positiven Kräfte gehen uns in bestimmten Situationen nicht etwa verloren, wie man manchmal denken könnte, sondern man kommt nur nicht an sie heran, was einen erheblichen Unterschied bedeutet. Denn Kraftquellen kann man auch in sich abrufen, man muß nicht passiv darauf warten, daß eine äußere Situation sie auslöst, wie folgendes Beispiel zeigt.

Unser Klient Peter interessierte sich brennend für einen neuen Job. Er wurde dann auch zum Assessment-Center eingeladen. „Mir ist doch ziemlich mulmig zumute, weil ich nicht richtig weiß, was da auf mich zukommt." Wir baten ihn, eine Situation in seinem Leben zu suchen, wo er auch nicht wußte, was auf ihn zukommt, aber wo ihm diesbezüglich nicht mulmig zumute war. Wir wurden schnell fündig: Peter ist ein begeisterter Fußballspieler. Vor einem Fußballspiel kann er sich auch nicht gezielt auf jeden Spielzug vorbereiten, da jedes Spiel anders verläuft. Trotzdem freut er sich sogar auf die vielen Überraschungen. „Irgendwie weiß ich genau, daß ich diesem oft unberechenbaren Ablauf gewachsen bin."

Zunächst forderten wir Peter auf, sich einen Finger oder auch Zeh herauszusuchen, mit dem er gut wackeln kann. Denn dieses Wackeln soll später zum motorischen „Erfolgsschalter" für ein willentliches Aufrufen von positiven Gesamtzuständen werden. Peter entschied sich für den rechten kleinen Finger. Dann baten wir ihn, an ein besonders aufregendes Spiel zu denken, das ihm Spaß gemacht hatte und in dem er über ein schnelles und flexibles Reaktionsvermögen verfügte. Übrigens können Sie ab hier wieder einige Phasen der klassischen EMDR-Intervention erkennen. „Suchen Sie sich in Gedanken bitte einen intensiven Spielmoment heraus, den Sie in besonders guter Erinnerung haben, von dem Sie wissen, daß Sie da so richtig in Ihrem Element waren." Peter nickte. „Nun suchen Sie nach einem positiven Ich-Satz, der Ihre Selbstwahrnehmung treffend ausdrückt." Die Antwort kam spontan: „Ich schaffe das." Als Emotion nannte Peter dann den Begriff „Power". Das ist zwar keine klassische Emotion, aber für Peter war es das Wort, welches seinen psychophysiologischen Gesamtzustand am besten beschrieb. „Nehmen Sie jetzt das Power-Gefühl wahr, welches die Erinnerung in Ihnen auslöst. Wie intensiv ist es auch jetzt im Moment – beim Denken an das Spiel

– vorhanden?" Peter gab den Wert bei +5 Punkten auf der Wellness-Seite der Befindlichkeitsskala an.

An dieser Stelle fragt man also nicht: „Wie stark haben Sie diesen Zustand damals
empfunden?" Man erfragt vielmehr, wie stark die positive Befindlichkeit durch die
reine Erinnerung hier und heute aufgerufen wird. Hiernach erfolgt dann wieder der
intensive Bodyscan auf der Suche nach dem Körperecho: „Wo genau im Körper befindet sich die Erinnerung an dieses »Power-Erlebnis?«" Manchmal unterstützen wir den
Bodyscan noch mit folgender Frage: „Stellen Sie sich vor, ich wäre ein Marsmensch
oder Mr. Spock und kenne mich mit Gefühlen überhaupt nicht aus. Ich will nun ganz
genau beschrieben haben: Wie macht sich eine Begeisterung oder ein Powergefühl
körperlich bemerkbar? Kribbeln dann die Ohren oder bekommt man heiße Zehen?"

Diese Vorstellung inspiriert viele Klienten zu ganz genauem Hinfühlen beim Bodyscan. „Mein Brustkorb fühlt sich leicht an, als wäre er von einer Energie durchströmt.
Zusätzlich habe ich ein besonders gutes, angenehm kühles Gefühl um die Augen herum – wie man sich fühlt, wenn man hellwach und präsent ist." Nach diesem Bodyscan
führten wir das Processing durch. In Peters Fall war das das klassische Winken. Schon
nach dem ersten Set verstärkte sich das Gefühl spürbar. Man macht dann so lange weiter, bis der gute Gesamtzustand keine Steigerung mehr erfährt. Zum Schluß hatte sich
Peters subjektiver Powerzustand beim Erinnern der Spielszenen auf +8 gesteigert. Peter machte nochmals den Bodyscan. Jetzt aber wackelte er beim Nachfühlen des positiven Körperechos mit dem rechten kleinen Finger. Gleichzeitig dachte er an den Satz
„Ich schaffe das". So wird der positive innere Gesamtzustand an die Bewegung des
„Erfolgsschalters" geankert.

Danach baten wir Peter, an das bevorstehende Assessment-Center zu denken und
gleichzeitig bei der Vorstellung daran mit dem kleinen Finger zu wackeln. „Ich spüre
sofort dieses angenehme Strömen im Brustkorb", sagte er spontan. „Das mulmige Gefühl ist völlig weg." In der realen Situation ein paar Tage später setzte Peter immer wieder seinen Erfolgsschalter ein, wackelte also ab und zu unauffällig mit dem kleinen
Finger. Er fühlte sich während des gesamten Assessment-Centers in der Ressource
und konnte sich auf jede noch so überraschende Situation sofort einstellen. Er bekam
auch die Position.

Dieses Gefühlsmanagement ist ein proaktiver Ansatz. Sie entscheiden, in welcher Verfassung Sie in eine bestimmte Situation hineingehen möchten und lösen vor Beginn
Ihres Auftritts eine positive Verfassung in sich aus. Sie warten nicht ab, was die Situa-

tion mit ihnen macht, sondern Sie machen etwas mit der Situation. Vor allem im Bereich zwischenmenschlicher Kommunikation erreichen Sie mit dieser Methode schon in den ersten Sekunden einer Begegnung eine positive persönliche Ausstrahlung auf Ihre Umgebung.

Sie können übrigens mehrere Ressource-Zustände an Ihrem persönlichen Erfolgsschalter „sammeln". Ihr Unbewußtes ist klug genug, dann im entsprechenden Kontext die genau passenden Ressourcen zu aktivieren.

Zusammenfassung

1. Denken Sie an eine zukünftige Situation, in der Sie Ihre positiven Ressourcen brauchen.

2. Bestimmen Sie einen „Erfolgsschalter": Finger, Daumen, großer Zeh usw.

3. Denken Sie nun an eine vergangene Situation, in der Sie genau die Ressourcen hatten, welche Sie sich für die zukünftige Situation wünschen: Gelassenheit, Begeisterung, Mut, Wachsamkeit, Reaktionsschnelligkeit, Humor, Distanz usw. Dabei ist es völlig egal, in welcher konkreten Situation das war. Entscheidend ist nicht, was Sie gemacht haben, sondern *wie*, also mit welcher inneren Aktivierung Sie die Situation gemeistert oder erlebt haben.

4. Suchen Sie den besten Moment heraus, den Sie ab jetzt fokussieren.

5. Bestimmen Sie einen positiven Ich-Satz, der Ihre Wahrnehmung von sich selbst auch heute treffend beschreibt.

6. Benennen Sie die Emotion, welche auf den Gesamtzustand zutrifft: Freude, Zufriedenheit, Begeisterung usw.

7. Ordnen Sie dieser positiven Gesamtbefindlichkeit auf der Wellness-Skala einen Wert zwischen 0 und +10 zu.

8. Machen Sie den Bodyscan, um das positive Körperecho auf die angenehme Erinnerung hin zu fokussieren.

9. Führen Sie das Processing durch, bis das Wellness-Erlebnis nicht mehr zu steigern ist.

10. Spüren Sie das gute Gefühl, denken Sie an den positiven Ich-Satz und wackeln Sie jetzt zum Verankern mit dem „Erfolgsschalter".

11. Denken Sie an die zukünftige Situation und benutzen Sie dabei Ihren Erfolgsschalter. Auf diese Weise hat Ihr Unbewußtes jetzt schon das zukünftige Ereignis mit einer inneren Kraftquelle in Verbindung gebracht.

12. In der Situation „live" setzen Sie dann gezielt Ihren Erfolgsschalter ein.

Tip:
Sie können natürlich auch „einfach so" positive Erinnerungsressourcen an Ihren Erfolgsschalter ankern.

21. Positive Selbstmotivation

NLP-erfahrene Leser haben vielleicht schon vermißt, daß bei den hier vorgestellten Interventionen der sogenannte auditive Sinneskanal als Erlebnisspektrum etwas unterrepräsentiert ist. Dabei gehört die Berücksichtigung aller Sinneskanäle in der inneren und äußeren Wahrnehmungsverarbeitung zu einem erfolgreichen Coachingprozeß dazu. Denn natürlich kann man mit der Methode nicht nur visuelle Repräsentationen wie erinnerte Bilder, sondern auch auditive innere Wahrnehmungen positiv verändern. Hierzu gehört beispielsweise der intrapersonelle Dialog, den jede Person ständig mit sich führt. Diese Selbstansprache bewirkt oft unbewußt wortwörtlich die „Stimmung", in der sich ein Mensch befindet.

Vergegenwärtigen Sie einmal, daß Sie bereits ein paar Sekunden nach dem Aufwachen im Denken Ihre Sprache benutzen: „Oh, wie spät ist es? Bin ich rechtzeitig wach? Kann ich vielleicht noch ein paar Minuten liegen bleiben?" Nach ein paar Minuten wird die innere Ansprache dann schon etwas strenger: „Los, hoch jetzt!" Auf diese Weise moderieren wir innerlich den ganzen Tag unsere Erlebnisse und unsere Taten. Diese Selbstkommunikation ist ein unverzichtbares Selbstmanagement, welches jeder Mensch für sich einsetzt. Vor allem findet auch die Selbstmotivation über dieses Prinzip statt. Nicht nur Bilder und Visionen beflügeln uns zu Leistungen, sondern auch die innere Stimme. Diese muß ganz besonders viel leisten, wenn man beispielsweise auf dem Weg zum Ziel einmal eine Durststrecke überwinden muß. Eigentlich müßte man sich hier selbst ein optimaler Coach sein, um die erforderlichen Energien zu mobilisieren.

Genau hier hapert es aber bei den meisten unserer Klienten. Sie versuchen es natürlich manchmal mit Power-Sätzen wie „Du schaffst es" oder: „Ich bin erfolgreich", aber der reine Satz an sich bringt noch nicht den zündenden Effekt. Werden diese Sätze innerlich panisch und hastig gekreischt, hat das eher eine erschreckende als eine motivierende Wirkung. Das gleiche gilt für einen drohenden Befehlston oder vorwurfsvolles Jammern. Und zwischen den eingeübten Sätzen ist der innere Ton auch meist nicht besser, vor allem in hektischen Zeiten.

Der Ton Ihrer inneren Stimme hat auf Sie genau die gleiche Wirkung, als würde jemand von außen zu Ihnen sprechen. Hektische, schimpfende oder panisch-schnelle Stimmen ziehen einen herunter, egal wie aufbauend der reine Satzinhalt gemeint sein mag. Sie wirken also demotivierend. Deshalb ist es sehr wichtig, den inneren Tonfall in die richtige „Musik" zu verwandeln, gemäß dem Sprichwort „Der Ton macht die Musik". Eine positive innere Stimmenlage kann dann gerade in anstrengenden Zeiten einen aufbauenden oder gar mitreißenden Effekt haben.

Wenn Sie wahrnehmen, daß Ihnen Ihre inneren Gedanken in Form von Sätzen und innerem Sprechen durch den Kopf rasen, dröhnen oder jammern, nutzen Sie Ihre Processing-Methode. Sie werden feststellen, daß die auditiven Gedanken schnell angenehmer werden. Die innere Stimme fängt an, ruhig, besonnen oder angenehm kraftvoll zu werden – je nachdem, was auf Sie besonders motivierend wirkt. Das erstaunliche an EMDR ist – wie bereits beschrieben –, daß sich beim Processing unbewußt und automatisch genau die Lösung findet, welche für Sie persönlich den positivsten Effekt hat. Beim NLP haben wir immer gesagt: „Bitte beschreiben Sie, wie eine Stimme zu Ihnen reden müßte, damit Sie sich optimal motiviert fühlen." Genau dieser Schritt wird im EMDR überflüssig, da sich hier die besten Ergebnisse ohne Nachfragen und Vorschläge des Coaches während des Processings meist ganz von allein ergeben.

Wenn Sie dieses Selbst-Coaching öfter anwenden, werden Sie immer öfter auch in stressigen Situationen eine positive Eigenmotivation einsetzen. Nutzen Sie diese Methode vor allem, wenn Sie unangenehme Überraschungen erleben und Sätze denken wie: „Oh wie schrecklich" oder: „Was mach ich nur, was mach ich nur!" Verwandeln Sie Ihre internale Stimme mit der Methode rasch in einen kraftvollen Energiespender und Sie werden sich schnell motiviert fühlen, eine kreative Lösung für die jeweilige Situation zu finden.

Übrigens können Sie auch diese Form der positiven Selbstmotivation bei sich ankern. Wann immer es Ihnen gelingt, die innere Stimme besonders sympathisch und motivierend klingen zu lassen, fassen Sie sich einfach an eines Ihrer Ohrläppchen. Haben Sie das öfter gemacht, löst später der kurze Griff ans Ohrläppchen blitzschnell die motivierende Stimme und damit Stimmung in Ihnen aus.

Zusammenfassung

1. Überprüfen Sie einmal bewußt: Welche Qualität hat Ihre innere Stimme, wenn Sie in einer Spitzenleistungssituation oder in einem Streßmoment Ihre Gedanken denken? Erinnern Sie eine solche Situation oder warten Sie ab, bis eine solche demnächst kommt und führen Sie den „Stimmen-TÜV" dann live durch.

2. Wenn Sie sich nicht sicher sind, daß diese innere Stimme in ihrer speziellen Tonalität Ihnen optimale Kraft schenkt, bestimmen Sie, was an ihr eher kraftabziehend wirkt:

→ Ist sie laut und hektisch?
→ Zu schnell?
→ Schimpfend und drohend?
→ Spöttisch und herablassend?
→ Eindringlich flüsternd?
→ Jammernd?

3. Lassen Sie diese Stimme vor dem inneren Ohr erklingen. Führen Sie Ihr Processing durch, bis die innere Stimme sympathisch und motivierend wirkt.

4. Ankern Sie den Effekt an Ihr Ohrläppchen.

22. Selbstbild-Coaching: Die persönliche Ausstrahlung leuchten lassen

Natürlich hängt die persönliche Ausstrahlung eines Menschen von vielerlei Faktoren ab. Zu den wichtigsten zählt das Selbstbild, welches ein Mensch von sich entwickelt hat. Es ist eine verbreitete Weisheit, daß wir auf unsere Mitmenschen um so positiver wirken, je mehr wir mit unserem Selbstbild im Einklang sind. Viele Menschen haben aber ein zwiespältiges Verhältnis zur eigenen Erscheinung. Oft registriert man an sich Makel, welche den anderen gar nicht auffallen. Vielleicht hat man ja tatsächlich heute einen Pickel, aber die anderen sehen ihn nicht so leuchtend in Großaufnahme wie man selbst morgens beim Blick in den Spiegel.

Sie selbst achten bei einem Gegenüber auch nicht mit der Lupe auf Details, sondern entscheidend ist doch der sogenannte Gesamteindruck, den eine Person bei Ihnen hinterläßt. Der setzt sich zum einen zusammen aus statischen Puzzlesteinen wie Kleidung, Größe, Frisur. Doch der eigentliche Zauber der persönlichen Ausstrahlung entsteht durch bewegliche Elemente: Mimik, Muskeltonus, Durchblutung der Haut, Größe der Pupillen, Atmung, Stimme, die Art zu lachen, Gesten und Haltung. Diese persönlichen Merkmale kann man sich in keinem Geschäft der Welt kaufen, denn sie entstehen im Gehirn. Ihre innere Verfassung ist der Dirigent dieses beweglichen, nonverbalen Ausdrucks.

Wenn Sie Ihr Selbstbild sympathisch finden, drücken Sie genau diese Einstellung zu sich selbst auch in Ihren nonverbalen Signalen aus: Sie strahlen Selbstvertrauen aus und wirken so automatisch selbstbewußt. Dies geschieht dann schon in den ersten Sekunden einer zwischenmenschlichen Begegnung und setzt Zeichen für die zukünftige Atmosphäre des Kontakts. Was aber genau ist ein Selbstbild? Es ist ein Bild, welches Sie von sich selbst im Kopf haben – genau wie Sie sich auch sonst ein „Bild von einem Menschen" machen. Dazu nimmt man aber nicht irgendein Bild. Es gibt Menschen wie Partner oder Kollegen, die hat man schon tausendmal gesehen und hat hundert Erinnerungen im Kopf, aber man sucht aus diesem mentalen Archiv nur ganz wenige Bilder für das „Bild des Menschen" heraus. Schätze ich jemanden besonders, so sehe ich ihn in einer Haltung vor mir, die seine Kompetenz ausdrückt. Vielleicht habe ich diesen Menschen schon einmal verschnupft und mit einer roten Nase gesehen, aber dieses Bild sortiere ich innerlich woanders hin, da es nicht repräsentativ für meine Einschätzung dieses Menschen ist.

Ebenso wenig wird sich Ihre Umgebung beim „Bild-Machen" von Ihrer Person an dem einen Pickel orientiern, den Sie voller Schrecken eines morgens im Badezimmer-Spiegel entdeckten. Vielmehr wird man sich ein Bild von Ihnen merken, welches den Gesamteindruck wiedergibt, welchen Sie auf Ihre Mitmenschen gemacht haben. Sie selbst sollten für Ihr Selbstbild ein Bild von sich suchen, was Ihrer Meinung nach besonders gut Ihre Fähigkeiten und liebenswerten Eigenschaften wiedergibt. Schauen Sie sich dazu eine Reihe von Fotos an, wenn Sie nicht spontan so ein positives Bild der eigenen Person abrufen können. Suchen Sie sich eines heraus, wo Sie im Ich-Satz bestätigen können: „So mag ich mich" oder: „So bin ich gut getroffen."

Nehmen Sie dann das positive Bild oder die guten Fotos einmal ganz bewußt wahr. Nun schließen Sie die Augen und betrachten Ihr Selbstbild auf der „Mental-Leinwand". Registrieren Sie, welche Emotion das Bild in Kombination mit dem Satz „Ich mag mich" bei Ihnen auslöst: Stolz, Freude, Zufriedenheit? Geben Sie diesem Gefühl einen Wert auf der Wellness-Skala. Fahren Sie fort mit dem Bodyscan: Wo im Körper spüre ich das positive Körperecho auf dieses Bild und diesen Satz? Beginnen Sie mit dem Processing. Erleben Sie, wie das positive Gefühl immer intensiver wird. Führen Sie so viele Sets durch, bis das gute Gefühl nicht mehr zu steigern ist. Nun legen Sie die flache Hand oben an Ihren Brustkorb. Damit haben Sie das positive Selbstbild zusammen mit dem angenehmen Körperecho geankert. Eine kurze Berührung an dieser Stelle ruft dann sekundenschnell die dazugehörigen nonverbalen Muster in Ihrem Ausdruck auf und wirkt somit sofort auf Ihre Umgebung.

Diese Übung kann für die Steigerung Ihrer nonverbalen positiven Ausstrahlung schon gute Effekte haben. Manchmal kann es aber auch wichtig sein, mit Bildern von sich zu arbeiten, die einem nicht so gut gefallen. Hier wird dann natürlich das subjektive Unbehagen „weggewunken" oder mit Ihrer persönlichen Technik neutralisiert. So sollten Sie aber nur vorgehen, wenn Sie keine wirklich gravierenden Probleme mit Ihrem Selbstbild haben. Ist letzteres der Fall, gehört dieses Thema in die Behandlung durch einen Coach oder Therapeuten. Arbeiten Sie dann im Selbst-Coaching lieber gezielt mit den Positiv-Bildern. Es müssen übrigens auch nicht immer gestochene Ganzkörper-Fotos sein, auch gelungene Porträts erfüllen den Sinn der Übung.

Für den Personalreferenten Klaus war es allerdings sehr wichtig, mit einem problematischen Selbstbild zu arbeiten. Er mochte sich selbst nämlich nicht im Anzug leiden. „Ich finde diese Kleidung furchtbar, darin komme ich mir immer wie eine Marionette vor." Er nutzte auch im Job jede Gelegenheit, etwas Farbiges oder Lockeres anzuziehen: „Das bin ich einfach – das andere nicht." Diese Ablehnung eines bestimmten Erscheinungsbildes der eigenen Person war natürlich höchst problematisch, da er vor allem wichtige berufliche Situationen stes im Anzug überstehen muß. Er sah ein, daß diese „Anzugsallergie" durchaus im entscheidenden Moment auf Kosten seiner Ausstrahlung gehen könnte. Daher arbeiteten wir mit diesem Thema.

Beim Bodyscan angesichts des Anzug-Selbstbilds beschrieb er dann ein Gefühl von Unbeweglichkeit und Steifheit im Nacken-Schultern-Bereich. Dieses Gefühl verwandelte sich beim Processing schnell in eine angenehme Körperempfindung, was sich sofort sichtbar und positiv in seiner Mimik spiegelte. „Ich fühle mich jetzt total selbstsicher im Anzug, es ist wirklich eine Befreiung und Bereicherung", sagte er ein paar Wochen nach dieser Intervention.

23. Ziele visualisieren

Viele unserer Klienten arbeiten auf konkrete Ziele zu: Sie wollen auf der Dokumenta ausstellen, ein Produkt oder gar die eigene Person erfolgreich auf dem Markt oder in der Öffentlichkeit plazieren, eine bestimmte Position erlangen oder einen sportlichen Sieg erringen. Aus vielen Mentaltraining-Ansätzen ist ja bereits bekannt, daß man sich seine Ziele möglichst bildlich vorstellen und in den schönsten Farben ausmalen sollte. Auf diese Weise entwickeln diese Zukunftsperspektiven die Kraft eines mentalen Magneten, zu dem man sich hingezogen fühlt. Es entsteht eine Sehnsucht nach dem Ziel, die jede Anstrengung rechtfertigt. Aus NLP-Sicht ist es natürlich wichtig, Ziele nicht nur möglichst dreidimensional zu visualisieren, sondern sie auch zu hören, zu fühlen, zu riechen und zu schmecken.

Genauso hatte sich auch Sabine ein Ziel im inneren Erleben aufgebaut: als Journalistin für eine Frauenzeitschrift war es ihr Traum, eines Tages Ressortleiterin – möglichst noch für das Gebiet Mode – zu werden. „Ich sehe immer mein eigenes Büro vor dem geistigen Auge, das ich dann ganz für mich allein habe." Wir fragten nach, wie genau sie sich dieses Zielbild vorstellte. Schnell stellte sich heraus, daß sie nur den Büroraum vor sich sah, die eigene Person kam gar nicht darin vor. Sehr oft sehen Menschen beim Visualisieren – sinngemäß ausgedrückt – nur den Pokal vor sich, ohne ihn zu halten. Beim Ziele-Coaching ist es jedoch ganz besonders wichtig, die eigene Person zu visualisieren, welche das Ziel erreicht hat. Wir bitten unsere Klienten deshalb, immer ein lebhaftes Bild vom erfolgreichen Zukunfts-Ich aufzubauen, das sich riesig freut, am Ziel angekommen zu sein und dabei auch glücklich und gesund wirkt.

Genau das war zunächst bei Sabine nicht der Fall. Als wir sie baten, sich selbst im eigenen Ressortleiter-Büro zu sehen, fand Sie: „Ich sehe da ziemlich gehetzt aus." Dieses Bild fokussiert sie dann vor dem Processing. Wir winkten so lange, bis die Zukunfts-Sabine richtig gut aussah: locker, dabei aber aufrecht und Autorität ausstrahlend. Als „Erfolgsbarometer" wählt man hier den Gefühlszustand des Gegenwarts-Ichs beim Wahrnehmen des Zukunfts-Ichs. Als Sabine mit dieser Vision von sich selbst richtig zufrieden war, hatte sie auf der Wellness-Skala sieben Punkte erreicht. Erst jetzt baten wir sie, in Gedanken einmal mit dem Zukunfts-Ich zu verschmelzen und assoziiert zu erleben, wie sich die Zukunft anfühlt. Nach diesem Zukunftstest kehrte sie dann wieder in die Gegenwart zurück und sah ihr Zukunfts-Ich wieder von außen, wobei wir sie baten, die rechte Hand zu heben und abwechselnd auf die visualisiert erfolgreiche Ressortleiterin und auf diese Hand zu sehen.

Denn die eigene Hand ist ein sehr guter Anker für die „Erinnerung an die Zukunft". Wann immer man in seine Zukunft investiert, ist dies mit einer Tätigkeit verbunden, bei der die Hand im Blickfeld ist: Die Hand hält das Telefon, die Computer-Maus oder einen Schreiber. Sie drückt einer anderen Person die Hand und hebt beim Geschäftsessen das Glas. „Das wirkt tatsächlich", sagte Sabine später. „Ich saß bei meinem Chefredakteur, schaute zufällig auf meine rechte Hand und hatte sofort mein Zukunfts-Ich vor dem geistigen Auge. Ich richtete mich sofort auf und bekam eine ganz andere Stimme." Ob es jetzt nur daran lag, weiß man nicht: Auf jeden Fall hat Sabine heute ihren Traum-Job. Der Chefredakteur sagte ihr bei der Beförderung, sie hätte in den letzten Monaten viel mehr „Biß" bekommen.

Zusammenfassung

1. Denken Sie an ein wichtiges berufliches Ziel.

2. Visualieren Sie eine erfolgreiche Zielsituation, in der Ihr Zukunfts-Ich die Hauptrolle spielt.

3. Führen Sie das Processing durch, bis es Ihrem Zukunfts-Ich richtig gutgeht.

4. Jetzt machen Sie die „Zukunfts-Probefahrt": Verschmelzen Sie in der Vorstellung mit Ihrem erfolgreichen Zukunfts-Ich. Danach lösen Sie sich wieder und kehren in die Gegenwart zurück.

5. Heben Sie die rechte Hand und betrachten Sie abwechselnd oder sogar gleichzeitig das Zukunfts-Ich und diese Hand. Wann immer ab jetzt Ihr Blick auf Ihre Hand fällt, wissen Sie auch in der Gegenwart, wofür Sie sich so anstrengen.

Tip:
Ankern Sie an die Hand gleich mehrere Zukunfts-Ichs: z.B. auch die Visualisierung von einem hohen und glücklichen Alter.

24. Ziele-Coaching „in vivo"

Der Begriff „in vivo" stammt aus der Verhaltenstherapie. Hier legt man großen Wert darauf, ein angestrebtes Verhalten oder Empfinden nicht nur im Geiste – also „in sensu" zu bearbeiten und zu trainieren, sondern die Ergebnisse aus dem Mentaltraining möglichst auch in die entsprechende „Live-Situation" zu transportieren. Dieses Vorgehen stellt sicher, daß das Gehirn später in der entsprechenden Situation möglichst viele „sinnliche Stichwörter" für die Bahnung von ressourcevollem Erleben und Verhalten bekommt. Nun konnten wir natürlich schlecht mit Sabine in der Redaktion in eines der Ressortchef-Zimmer gehen, um dort unsere Coaching-Intervention durchzuführen. Dennoch gab es eine gute Lösung. Als Sabine einmal länger als alle Kollegen arbeitete, setzte sie sich einfach in das leere Büro eines Ressortleiters hinein. Sie spürte den Stuhl, nahm den Blick auf Schreibtisch und Zimmer wahr, faßte einmal das Telefon an. Dieses Erlebnis brachte sie zur nächsten Coaching-Sitzung mit. Sie fokussierte dieses Erlebnis, und wir führten das Processing so lange durch, bis sie auf der Wellness-Skala sogar 8 Punkte mit diesem erinnerten Erlebnis gesammelt hatte.

Haben unsere Klienten ein wichtiges Gespräch vor sich, bitten wir sie, zur nächsten Coaching-Sitzung in dem Anzug oder Kostüm zu erscheinen, welchen(s) sie bei diesem Anlaß tragen werden. Einige bringen Akten von ihrem „Streß-Projekt" oder das Foto eines ungeliebten Vorgesetzten oder Kollegen mit. Ergibt sich die Gelegenheit, gehen wir so weit wie möglich in das in vivo-Training mit hinein. So ergab es sich neulich, daß wir uns mit einem unserer Klienten in einen großen Festsaal begeben durften, wo er ein paar Tage später vor großem Publikum eine Rede halten sollte. Hier führten wir dann beim Anblick der vielen Stühle das Processing durch, was der Live-Situation dann sehr nahe kam. Beim „in vivo"-Training sind also der Kreativität keine Grenzen gesetzt.

25. Kreativitätssteigerung erleben

Für Menschen im Spitzenleistungsfeld sind kreative Ideen und innovatives Denken besonders wichtig. Ständig müssen neue Produkte und Marketingstrategien entwickelt werden, und immer wieder ändert sich das Umfeld, in dem die Leistung stattfindet. Das erfordert zusätzlich eine große Flexibilität im Denken. Gerade in schwierigen oder festgefahrenen Situationen sind dann geniale Lösungen ganz besonders gefragt. Und die Konkurrenz schläft auch nicht. Da gilt es, die zündende Idee oder gar die entscheidende Erfindung als erster zu haben. Selbst wenn das gelingt, können die meisten unserer Coaching-Klienten sich immer noch nicht auf ihren Lorbeeren ausruhen. Vor allem Künstler, Menschen in Medien- oder Modeberufen und auch viele Sportler – denken Sie nur an den Entwurf von Küren – müssen oft sogar täglich aus ihren kreativen Quellen schöpfen, um langfristig am Ball zu bleiben.

Apropos „kreative Quelle": Dieser Begriff ist natürlich eine Metapher. Und mit Metaphern arbeiten wir mit Vorliebe, wenn unsere Klienten ihre allgemeine Kreativität steigern oder auch nur wiedererlangen möchten. Denn interessanterweise kann jeder Mensch eine Kreativitätsblockade tatsächlich mit einer Metapher beschreiben. Es gilt nur, aufmerksam für die Wortwahl der Klienten zu sein. Dann erfährt man schnell nicht nur die Metapher, sondern auch, auf welchem Sinneskanal sie innerlich repräsentiert wird, wie die folgenden Beispiele zeigen.

Visuelle Metaphern

→ *„Irgendwie ist das alles noch nicht ausgereift."* Dazu bietet sich die Assoziation von unreifen Früchten an.
→ *„Meine Ideen sind versiegt."* Hier stellt man sich tatsächlich eine Quelle vor, die nicht mehr sprudelt.
→ *„Mir fällt nichts mehr ein."* Bei diesem Bild fallen die Ideen offensichtlich von oben herab, wie Blüten, Sterntaler oder bunter Regen. Wir steigen dabei immer mit dem Klienten in die von ihm durch einen Satz angebotene Metapher ein und malen diese dann aus.

Auditive Metaphern

→ *„Mir fehlt die zündende Idee."*
Oder:
→ *„Irgendwie ist das alles nicht der richtige Knaller."* Auch hier entwickelte der Klient durch genaues Nachfragen dann konkretere Hinweise: Stellt er sich die „zündende Idee" eher wie die auditive Kulisse eines Feuerwerks vor oder wie das Starten eines Sportwagens?

Gefühlsmetaphern und Motorikmetaphern

→ *„Sonst sprudelte ich immer über vor Ideen."*
→ *„Ich komme da nicht weiter."*
→ *„Ich bin blockiert."*
→ *„Irgendwie ist das alles zu lahm."*

Bei diesen Beschreibungen ist es beispielsweise wichtig, die Lokalisation des Hindernisses zu erörtern: Beim Blockiert-Sein könnte eine Hürde auf dem Weg sein – sie befindet sich also außerhalb des Körpers –, beim „Lahm-Sein" fehlt der nötige innere Muskeltonus.

Olfaktorische und gustatorische Metaphern

Diese werden zwar nicht so oft benutzt, aber wenn sie auftauchen, ist es sehr effektiv, sie zu bearbeiten.
→ *„Irgendwie ist das alles zu fade."*
→ *„Da fehlt das Salz in der Suppe."*

Natürlich könnten einige dieser Beispiele auch Sinnes-Mischformen sein. So könnte sich der eine Klient den „zündenden Funken" auditiv, der nächste könnte ihn sich visuell vorstellen. Ebenso könnte einer die „sprudelnde Idee" als Wärmestrom im Körper erleben, der nächste sieht einen Springbrunnen vor dem geistigen Auge. Wichtig ist eben, den Klienten in seiner Vorstellungskraft so weit zu coachen, daß er seine Metapher sinnesspezifisch und inhaltlich konkret beschreiben kann.

Ist die Metapher beschrieben, fokussiert der Klient in der inneren Vorstellung sein jeweiliges Problem: Man blickt auf die versiegte Quelle oder das trockene Flußbett, hört das leiernde Geräusch eines nicht startenden Motors, spürt die Lahmheit in den Muskeln bzw. das von außen stoppende Hindernis oder denkt an einen langweiligen Geschmack im Mund. Gleichzeitig denkt der Klient an seinen eingebrachten Metaphern-Satz, wie z.B.: „Ich komme nicht weiter." Hierzu wird dann das Processing durchgeführt. Fast immer entwickeln sich die Metaphern schnell in eine positive Richtung. Plötzlich sieht man ein Feuerwerk vor dem geistigen Auge oder spürt die belebte Muskulatur, so daß „es wieder geht".

Zusammenfassung

1. Beschreiben Sie Ihr Kreativitätsproblem mit Worten. Stellen Sie fest, welchen Sinneskanal oder welche Sinneskanäle Sie vorzugsweise sprachlich benutzen.

2. Entwickeln Sie aus Ihren Sätzen Metaphern.

3. Fokussieren Sie den „Jetzt-Zustand" Ihrer Metapher, z.B. unreife Früchte.

4. Führen Sie Ihr Processing durch, bis „die Früchte reif sind", bis sich also die gewählte Kreativitäts-Metapher zu einem „Happy-End" entwickelt hat.

Hinweis: Diese Übung ist für die allgemeine Kreativitätssteigerung gedacht. Selbstverständlich können Sie aber auch einfach an einen bestimmten Aufgabeninhalt denken, für den Sie gute Ideen brauchen, beispielsweise an einen Artikel, den Sie schreiben müssen. Fokussieren Sie Ihr Thema und führen Sie bei der Ideensuche immer wieder Ihre Processingmethode durch. Diese Stratgie benutzt übrigens auch der anfangs erwähnte Musiker Leo beim Texten und Komponieren.

26. Innere Grenzen überwinden

Es gibt ein sehr interessantes Goldfisch-Experiment. Tut man einen solchen Fisch in ein Aquarium, schwimmt er großzügig sein Terrain ab. Teilt man das Aquarium mit einer durchsichtigen Scheibe, hat er natürlich nur noch halb so viel Platz und schwimmt dann hier im Kreis. Nun kann man das Becken nochmals mit einer solchen Trennwand vierteln und der Goldfisch hat jetzt nur noch ganz wenig Bewegungsspielraum. Da könnte man doch meinen, daß der Goldfisch sich freut, wenn man die Trennwände wieder entfernt und er seinen großen Bewegungsraum zurückerhält. Aber das tut er nicht. Er schwimmt einfach weiter in seinem kleinen Viertelchen und probiert nie wieder aus, seinen Wirkungskreis zu erweitern. Die Trennwand ist jetzt ein Teil seines Gehirns geworden.

Natürlich sollte man das Gehirn eines Goldfischs nicht ohne weiteres mit dem eines Menschen vergleichen. Doch eines haben die beiden gemeinsam: neuronale Autobahnen. Diese entstehen im Gehirn, wenn eine Tätigkeit oder ein Gedankenmuster über einen längeren Zeitraum regelmäßig durchgeführt bzw. benutzt werden. Gemeint sind die neuronalen Verschaltungen zwischen den Gehirnzellen, mit denen unsere Gewohnheiten in unserem Kopf repräsentiert sind. Der Gehirnforscher Gerhard Hüther arbeitet in seinem Buch „*Die Biologie der Angst*" hier mit einem einleuchtenden Bild: Stellen Sie sich vor, Sie stünden in einer Landschaft auf einem Hügel und betrachteten von dort aus die Verbindungen zwischen den Häusern, Dörfern und Städten. Da gibt es schmale Pfade, etwas breitere Feldwege, asphaltierte Dorfstraßen, komfortable Bundesstraßen und die mehrspurigen Autobahnen. Für den Straßenbenutzer bieten natürlich die breiten Autobahnen den größten Fahrkomfort: Man fährt schnell und geradeaus.

Machen Sie hierzu einmal ein Experiment mit. Falten Sie einfach Ihre Hände für ein paar Sekunden. Dann falten Sie die Hände bewußt anders herum, so daß der Daumen, der sonst immer zuunterst ist, jetzt zuoberst liegt. Prüfen Sie nun Ihr ganzheitliches Körpergefühl – also Ihr Körperecho – bei dieser ungewohnten Art des Händefaltens. Die meisten Menschen beschreiben ihr Körperecho als „komisch" bis hin zu unangenehm. Dieses unangenehme Gefühl entsteht dadurch, daß man beim ungewohnten Händefalten einen neuronalen Feldweg benutzt. Beim „richtigen" Händefalten hingegen fährt man auf einer neuronalen Autobahn. Doch obwohl man sich beim gewohnten Händefalten besser fühlt, heißt das noch lange nicht, daß das ungewohnte Händefalten eine schlechtere Methode des Händefaltens ist. Genau gesagt: Sie ist gleich gut.

Es ist ganz natürlich, daß sich der Umgang mit einem neuen, ungewohnten Bereich „komisch" anfühlt, denn unser Gehirn hat hierfür noch keine komfortablen neuronalen Autobahnen angelegt. Und der Aufbau von neuen Verbindungen kostet das Gehirn mehr Energie als die Benutzung von schon etablierten Verknüpfungen. Man kann nämlich mit bildgebenden Verfahren den Kalorienverbrauch des Gehirns messen. Hier zeigt es sich, daß beispielsweise beim reinen Lernen und Üben sehr viel mehr Kalorien verbraucht werden als beim Abrufen von schon angelegten Fähigkeiten. Sie haben selbst hundertfach die Erfahrung gemacht, daß sich in „Fleisch und Blut" übergegangene Handlungen und Denkmuster einfach anfühlen – egal wie kompliziert sie ursprünglich erscheinen. Der Akrobat im Zirkus erlebt seinen Salto im Gegensatz zu uns deshalb als leicht, weil er ihn von bestens ausgebauten neuronalen Autobahnen abruft.

Übertragen Sie diese Erfahrung einmal auf jedes neue Terrain, welches Ihnen in Ihrem Leben offensteht. Sind Sie nicht auch schon einmal zögerlich an ein Thema herangegangen, weil Sie dabei ein „komisches" Gefühl hatten? Viele Menschen werten dieses komische Gefühl leider abergläubisch als „ungute Vorahnung" und meinen, ein „komisches Gefühl" sei Grund genug, eine neue Sache nicht ausprobieren zu müssen. Man versucht das fehlende Gefühl der vertrauten Erfahrung durch möglichst viele theoretische Informationen zu ersetzen. Doch keine noch so gute Theoriesammlung erspart den Ausflug auf die andere Seite des Aquariums und somit die Konfrontation mit einem ungewohnten Erlebnis, das ein „komisches Gefühl" macht.

Dem 30jährigen Wolfgang wurde von seinem Unternehmen überraschend eine Stelle in Mexiko angeboten. Trotz intensivster Informationseinholung hatte er immer noch besagtes „komische Gefühl" bei dem Gedanken, zwei Jahre im Ausland zu leben und zu arbeiten. Wir baten ihn beim Coaching, sich auf irgendein vorgestelltes – also konstruiertes – Bild seiner Zukunft in Mexiko zu fokussieren. „Ich sehe nicht die Arbeit, sondern meine Wohnung dort vor dem geistigen Auge", sagte er. Sein Körperecho beschrieb er dann als „schräg": „Es ist so, als würde irgend etwas in meinem Bauch nicht zusammenpassen, wie zwei Puzzle-Steine, die nicht zueinandergehören", beschrieb er sein Körpererleben. „Und vor dem geistigen Ohr stelle ich mir die unangenehmen Töne einer Geige vor, die gerade gestimmt wird."

Nach nur zwei Winke-Sets veränderte sich das zuvor „schräge" Gefühl in Vorfreude auf der Wellness-Skala. „Früher wußte ich vor Weihnachten ja auch nicht, was die Bescherung bringen wird – und ich habe mich trotzdem gefreut", sagte er. Die Trennwand im Kopf war durchbrochen. Dennoch änderte diese Intervention nichts an Wolfgangs umsichtiger Vorbereitung für den Mexiko-Aufenthalt. Die Methode macht weder bedenkenlos oder waghalsig. Aber sie öffnet die Sinne und die emotionale Empfänglichkeit für die positiven Möglichkeiten neuer Situationen und verhindert, daß man nur noch auf Autobahnen fährt. Denn so mancher Feldweg führt auch zu einem verborgenen Schloß, das man auf der Autobahn nie gefunden hätte. Wingwave-Coaching bedeutet in diesem Fall, einen Flügel im Gebäude der inneren und äußeren Lebensmöglichkeiten zu betreten, der bisher verschlossen schien.

Zusammenfassung

1. Denken Sie – gern auch nur spielerisch – an einen neuen Lebensraum, den Sie bisher noch nicht erobert haben: eine neue Position, ein neues Verfahren, ein neuer beruflicher oder privater Partner, Umzug, Familiengründung, ein neues Hobby usw.

2. Fokussieren Sie ein vorgestelltes inneres Bild zu dieser theoretischen Lebensmöglichkeit.

3. Überprüfen Sie: Was sind Ihre bisherigen Einwände gegen diese mögliche Zukunftsperspektive?

4. Bleibt außer sachlichen Argumenten noch ein „komisches Gefühl" übrig, erforschen Sie dessen Körperecho. Reagieren Sie vielleicht auf Gedanken wie „kenn ich nicht", „ist ungewohnt" oder „habe ich noch nie gemacht"?

5. Ist dies der Fall, führen Sie ein Processing zu dem „komischen Gefühl" durch und lassen sich davon überraschen, wie sich Ihr inneres Erleben in Vorfreude auf neue Impulse entwickelt.

Tips:

→ Falten Sie beim Processing die Hände „falsch" herum. Sollten Sie die Butterfly-Technik benutzen, kreuzen Sie die Arme „falsch" herum. Dies ist ein Anker an die

Erfahrung, daß fremde Möglichkeiten ebenso gut oder gar besser sein können als vertraute.

→ Manchmal steht man sich bei Innovationen auch mit dem Belief im Wege, daß es immer gilt, das „Richtige" zu tun. Die Kehrseite der Medaille bedeutet die Angst davor, sich für das „Falsche" zu entscheiden. Es ist jedoch nur ein Belief, daß Bewegungen im Leben stets den Stempel „falsch" oder „richtig" bekommen müssen. Lesen Sie mehr zu diesem Aspekt im Kapitel „Belief-Coaching".

27. Persönlichkeitscoaching mit Imaginationsstrategien

Beim Thema Imagination gibt es natürlich grenzenlose Möglichkeiten, denn „to imagine" heißt nichts anderes als „sich etwas vorstellen". Dabei geht es um innere Bilder und Repräsentationen von Dingen, die man bisher real noch nicht erlebt hat. Das Spektrum reicht vom Ausmalen eines zukünftigen Ereignisses bis hin zu symbolträchtigen Phantasien und Tagträumen. Mit diesen Phantasien spiegeln Menschen gern die Welt ihrer Denkmuster, Emotionen und Persönlichkeitsmerkmale. Denn all diese psychischen Strukturen werden zwar tagtäglich erlebt, aber man kann sie nicht sehen. Also muß man sich eine Vorstellung davon machen.

Eine dieser Vorstellungsmöglichkeiten ist weit verbreitet, und zwar die sogenannte Verkörperung von Persönlichkeitsteilen. Auf diese Imaginationstechnik wollen wir hier besonders eingehen. Allein der Begriff Persönlichkeitsteil ist schon eine Verkörperung, denn weder in unserem Kopf noch in anderen Körperteilen halten sich real kleine Männchen oder Wesen auf. Dennoch wird ständig mit diesem Bild sprachlich umgegangen: „Der steht sich ja selbst im Wege", heißt es oder gar: „Ich muß meinen inneren Schweinehund überwinden." All diese Redewendungen implizieren die Vorstellung, daß wir innerlich nochmals eine kleine Gesellschaft sind. Auch die meisten Psychotherapierichtungen operieren mit diesem Modell. Man denke nur an das klassische Freudsche Trio „Es", „Ich" und „Über-Ich". Auch im NLP gibt es ausführliche, systemorientierte Interventionen in der Arbeit mit Persönlichkeitsteilen. Hier ist immer das Ziel, diese Teile zu einem inneren Team zu entwickeln, frei nach dem Motto: „Gemeinsam bin ich stark."

Nicht nur in der Psychotherapie, sondern auch in Kunst und Kultur stellt man sich Persönlichkeitsteile „verkörpert" vor. Es gibt Theaterstücke, in denen die Schauspieler nicht äußere Menschenrollen spielen, sondern seelische Phänomene wie etwa „das schlechte Gewissen", „die Freude", „die Tapferkeit" oder den „inneren Angsthasen" verkörpern. Apropos Hase: Auch im Märchen verkörpern meist Tiere menschliche Eigenschaften. Man denke an den „schlauen Fuchs", die „dumme Gans" oder die „weise Eule".

Beklagen sich unsere Klienten über ein ungeliebtes Verhalten oder eine ärgerliche Eigenschaft bei sich selbst, arbeiten wir meist mit der Imagination von Persönlichkeitsteilen. Haben wir dieses Denkmodell erklärt, bitten wir die Klienten, sich ein Bild von dieser Eigenschaft oder dem Verhalten zu machen. Die Möglichkeiten sind hier grenzenlos: Da gab es schon Jack Nickolson, Cleopatra, eine Hexe, einen Elefanten und sogar tatsächlich einen „Schweinehund" im „Kopfkino" unserer Klienten.

Beate litt beispielsweise darunter, daß sie sich bei einem bestimmten Kollegen immer so aufregte. „Der nervt mich immer mit seinen zynischen Bemerkungen. Ich werde dann knallrot vor Wut, und das ist genau das, was er erreichen will. Auch sonst lasse ich mich leider viel zu schnell provozieren." Wir baten sie, diese Wut in einer Phantasiegestalt zu verkörpern. „Da muß ich gar nicht lange überlegen", sagte sie, „ich sehe ein richtiges Rumpelstilzchen vor mir, das vor Wut nur noch so herumspringt". Zuerst nahm Beate mit der Bodyscan-Technik ihre Wut als Körperecho wahr. Sie spürte vor allem Spannungen in den Kiefernmuskeln. Dabei dachte sie nochmals kurz an „das Ekelpaket", wie sie sich deutlich ausdrückte. Dann imaginierte sie ihr Rumpelstilzchen als visuelle Verkörperung ihrer Wut. Nun setzte das Processing ein. Dabei wurde Rumpelstilzchen immer ruhiger. Zum Schluß saß Rumpelstilzchen plötzlich auf einem Baumast, aß zufrieden einen Apfel und ließ dabei die Beine baumeln. Beates Schultern fühlten sich bei diesem Bild gelöst und angenehm warm an. Als der Kollege sie das nächste Mal aufziehen wollte, mußte sie plötzlich lachen. „Das war nicht aufgesetzt, ich fand die Situation wirklich komisch", erzählte sie uns später.

Man kann diese Imaginationstechnik übrigens auch sehr gut bei dem Phänomen der „zwei Seelen in einer Brust" verwenden. Viele Menschen haben in bestimmten Situationen ein „Einerseits – Andererseits" in sich, und keine dieser beiden Seiten gewinnt. „Es fühlt sich an wie ein innerer Streit", beschrieb es eine unserer Klientinnen. Hier werden nun die widerstreitenden Gefühle oder Gedanken ebenfalls als Persönlichkeitsteile imaginiert, die man sich gleichzeitig vorstellt. Diese gleichzeitige Vorstellung sagt auch meistens etwas über die problematische innere Situation aus: Entweder blicken sich die Teile verächtlich an oder sie wollen deutlich nichts miteinander zu tun haben. Führt man jetzt das Processing durch, versöhnen sich die Persönlichkeitsteile: Sie ändern ihr Aussehen, werden freundlich, gehen aufeinander zu oder gleichen sich an. Diese Technik stärkt demnach auch den inneren Teamgeist.

Im NLP wird ja sehr viel und ausführlich mit der Vorstellung von Persönlichkeitsteilen und der Kraft des „inneren Teams" gearbeitet. Dabei geht es immer um die Integration dieser inneren Kräfte, niemals um einen inneren Kampf. Denn jeder Sieg über einen Teil wäre gleichzeitig ein Verlust, da der „Verlierer" ja dann auch ein Teil von uns bleibt. Mehr über dieses sogenannte systemische Persönlichkeitsmodell können Sie beispielsweise in unserem Buch „*Coach Yourself*" lesen.

28. Erholsamen Schlaf finden und abschalten können

In Zeiten mit besonders vielen Aufgaben und Herausforderungen hören die Gedanken oft nicht von allein auf zu kreisen. Jeder hat es schon einmal erlebt, daß man deswegen „kein Auge zutun" konnte und die Nachtruhe gestört war. Einige Menschen können dann gar nicht erst einschlafen, andere wachen nachts auf und beschäftigen sich dann ungewollt weiter mit ihren Tagesthemen. Besonders unangenehm ist dabei das ruhige Liegen angesichts der vielen Dinge, die es zu tun und zu bedenken gibt. Das passive Ruhen verstärkt noch das Gefühl des Ausgeliefert-Seins angesichts der Gedanken, die routieren, auf einen zukommen oder gar einstürmen.

Hier bietet das NLP bereits eine Reihe von Möglichkeiten der Gedankenmodifikation. Eine ganz einfache Mentaltechnik ist beispielsweise die Umkehrbewegung im sogenannten Kopfkino: Rechtsherum kreisende Gedanken bringt man zum Linksherum-kreisen, auf einen zukommende Gedanken werden in einen Kreisverkehr geleitet. Oder man betrachtet die Gedankenbilder durch einen imaginären lilafarbenen Farbfilter. Auch Zeitlupe oder Zeitraffer sind oft eine Hilfe. Viele unserer Klienten finden schon durch derart einfache Strategien zu ihrer Ruhe zurück. Dabei ist es sehr wichtig, die Gedanken nicht „weghaben" zu wollen, sondern mit ihnen irgend etwas zu machen. So schalten Sie das unangenehme Gefühl von Ausgeliefert-Sein oder gar Hilflosigkeit aus.

Eine besonders effektive Strategie ist die Übernahme eines aktiven Gedankenerlebnisses, wobei nicht die Gedanken in Bewegung sind, sondern Sie selbst. Dadurch werden die Inhalte statisch, und Sie übernehmen durch eine imaginative Gedankenreise eine handelnde Rolle. Unsere Klienten suchen sich dabei ein „Gedankenmobil" aus. Das könnte sein:
→ ein Traumauto,
→ ein Traumschlitten, so wie ihn der Weihnachtsmann fährt,
→ ein Traumschiff,
→ ein mentaler fliegender Teppich,
→ irgendein Lieblingstier, wie ein magischer Elefant oder ein „Gedanken-Adler",
→ eine rosafarbene Wolke.
Der Phantasie sind hier keine Grenzen gesetzt.

Unser Klient Nico entschied sich für ein Traum-Powerboot, mit dem er seine Gedankenwelt mit dem entsprechenden Motorsound durchkreuzen kann. „Denken Sie jetzt einmal an Ihr neues Projekt, so wie Sie es nachts beim Einschlafen immer tun", forderten wir ihn auf. „Jetzt begeben Sie sich in Ihr Powerboot. Nehmen Sie diesen Platz ganz sinnlich wahr: Wie fühlt sich das Steuer in der Hand an, nehmen Sie das typische Geräusch wahr, sehen Sie den Bug vor sich. Sagen Sie Bescheid, wenn das Boot anfängt zu fahren." Nico nickte. Zu diesem fahrenden Erlebnis veranlaßten wir noch den Bodyscan: „Das ist eine angenehme Vorwärtsbewegung, als würde ich im Rücken einen sanften Schub bekommen", erläuterte er sein Körperecho.

Wenn man beim Denken an sein „Gedanken-Mobil" auch nur den kleinsten Hauch von imaginärer Bewegung spürt, fokussiert man sofort wieder seine Gedanken. Auch Nico dachte innerlich wieder an sein Projekt. „Besuchen Sie mit Ihrem Powerboot Ihre Gedankenwelt. Fahren Sie alle Aspekte Ihres Projektes mental ab", sagten wir zu ihm. Gleichzeitig führten wir das Processing durch. Nico wählte dabei die Butterfly-Technik, was den Coach vorübergehend „arbeitslos" machte.

Während der folgenden „Bootsfahrt" entspannte sich Nicos Mimik ganz deutlich. Dabei saß er ruhig und entspannt auf seinem Sessel. Schon nach kurzer Zeit mußte er plötzlich gähnen. „Ich glaube, ich lege gleich an", war sein Kommentar. „Ich packe jetzt ein, ich habe keine Lust mehr auf diese Gedanken. Eine bessere Abschalthilfe kann man sich nicht denken." Interessanterweise berichten alle unsere Klienten, welche das „Gedankenmobil" ausprobieren, über einen ähnlich beruhigenden Effekt. Das hat wahrscheinlich drei Gründe:
1. Man muß nicht mehr gegen die Gedanken ankämpfen.
2. Das unangenehme Gefühl von Ausgeliefert-Sein verschwindet.
3. Angenehme Schlaf- und Traumerlebnisse werden von den meisten Menschen ohnehin oft mit Bewegungen wie schweben, fliegen oder fahren assoziiert. Man sagt ja auch, daß jemand „in die Traumwelt hinübergleitet".

Zusammenfassung

1. Entwerfen Sie sich ein „Gedankenmobil".

2. Setzen Sie sich in oder auf Ihr Gedankenmobil und setzen Sie es mental in Bewegung.

3. Sowie Sie die kleinste imaginäre Bewegung als Körperecho auf die Vorstellung spüren, setzen Sie mit der Butterfly-Technik ein.

4. Fahren Sie mit Ihrem Gedankenmobil Ihre Gedankenwelt gründlich ab. Verdrängen Sie die Gedanken nicht, sondern fahren oder fliegen Sie extra öfter um sie herum. Wichtig ist, daß Ihr Gedankenmobil in Bewegung bleibt.

5. Nach kurzer Zeit spüren Sie schon den beruhigenden Effekt. Sie gleiten in eine Traumwelt oder ein angenehmes Ruheerlebnis hinein.

Tips:

➜ Diese Mentaltechnik eignet sich natürlich auch tagsüber als Abschalthilfe oder Feierabendritual. Die meisten Klienten nutzen hierbei am liebsten wie Nico die Butterfly-Technik.

➜ Selbstverständlich können Sie auch die direkte Variante wählen: Sie fokussieren das Körperecho auf die unangenehmen Gedanken und führen das Processing – am besten die Butterfly-Technik – durch. Aber das Gedankenmobil macht mehr Spaß.

V. Belief-Coaching: Konstruktiver Umgang mit Glaubenssätzen

Im Kapitel „Verändern durch Verstehen" haben Sie schon gelesen, wie wir einschränkende Beliefs durch Know-how ersetzen. Doch oft reicht reines Know-how für die Überwindung von ungünstigen Glaubenssätzen nicht aus, da Know-how meist nur die grauen Zellen, nicht aber unser Gefühlszentrum erreicht. Auch offenkundige Beweise haben nur eine schwache Wirkung, wie das Spinat-Beispiel sehr schön zeigt. Viele wissen es schon: Spinat ist gar nicht so gesund, wie bis vor kurzem behauptet wurde. Hierzu die Zeitschrift „Medikament und Meinung": „Ein Tippfehler ist die Ursache des unverdienten Ansehens des Spinats, als starker Eisenträger besonders gesund zu sein. Tatsächlich enthält das Blattgemüse erheblich weniger Eisen als eine Reihe von Hülsenfrüchten. Die Überschätzung des Spinats geht ... auf den Irrtum einer Sekretärin zurück, die um die Jahrhundertwende beim Abschreiben eines Untersuchungsberichts beim Eisengehalt des Spinats des Komma um eine Stelle nach rechts versetzt hatte. So wurde Spinat mit 16,0 (statt 1,6 Milligram) je hundert Gramm ausgezeichnet. ... Der Irrtum wurde zwar von einem mißtrauischen deutschen Chemiker 1930 entdeckt und publiziert. Diese Erkenntnis erlangte indessen weniger Publizität als der Ausgangsfehler und vermochte deshalb den Siegeszug des Spinats insbesondere über den Kinderteller nicht zu verhindern."

Und man weiß heute noch mehr: Wird Spinat öfter als einmal erwärmt – was bei den Kleinkindportionen oft gehandhabt wurde und wird –, entwickelt er für ein Kleinkind überaus unverträgliche, ja sogar leicht schädliche Stoffe. Insofern folgten Generationen von Kindern einem sicheren Instinkt, wenn sie Spinat ausspuckten, statt ihn hinunterzuwürgen. Dennoch ließen sich Millionen Eltern und Großeltern vom Gewürge und der offensichtlichen Abscheu ihrer Kinder kein bißchen erschüttern oder mißtrauisch stimmen, denn: SPINAT IST GESUND!

Wenn wir im Laufe eines Coachings negative, schwächende Beliefs in positive Glaubenssätze verwandeln, rennen wir bei den meisten unserer Spitzenleistungsklienten offene Türen ein. Wer möchte nicht gern statt „Ich bin geschlagen" mit tiefster emotionaler Überzeugung denken: „Ich schaffe es." Spitzenleister stehen sich viel mehr nachhaltig im Weg mit „Spinat-Beliefs". Sie glauben an mentale Erfolgsrezepte, welche nur kurzfristig „powern", aber langfristig gar nicht so „eisenhaltig" und bekömmlich sind, wie derjenige immer glaubt. Bedenken Sie nochmals, wie die begeisterten Eltern lieber an den gesunden Spinat glaubten, als ihre spuckenden Kinder ernst zu nehmen. Dann können Sie sich vorstellen, wie wichtig es ist, bei der Modifikation von „Euphorie-Fallen", wie wir irrational überzogene Beliefs nennen, möglichst konstruktiv vorzugehen, um auch die emotionale Ebene bei der „Glaubensänderung" zu erreichen. Denn im Coaching geht es oft um die Trennung vom Wunderglauben, um die Spitzenleistung langfristig erhalten zu können und um die innere Welt „unerschütterlich" zu machen.

29. Der Belief-Spiegel: Die Ent-Täuschung der Täuschung

Werner kam zum Coaching, um sich auf den Auftritt in einer Talkshow vorzubereiten. „Ich habe zwar schon öfter vor ein paar hundert Leuten eine Rede gehalten – aber Fernsehen ist noch etwas anderes. Außerdem läuft in einer Talkshow vieles spontan ab, da muß ich gut reagieren können." – „Aber Sie wirken doch sehr redegewandt", meldeten wir ihm zurück. „Trotzdem habe ich wegen der Talkshow schlaflose Nächte", antwortete Werner. „Was befürchten Sie?" fragten wir. „Daß ich irgend etwas sage, was die Zuschauer blöd finden – und dann kann ich das nicht mehr geradebiegen", sagte er. „Und wie wäre das für Sie?" – „Fast unerträglich, mir zieht sich alles zusammen, wenn ich daran denke."

An dieser Stelle könnte man bereits mit der klassischen EMDR-Intervention einsetzen: Werner denkt an einen abfällig den Kopf schüttelnden Zuschauer und dazu wird ein Processing durchgeführt. Im Belief-Coaching gehen wir jedoch noch ein Stück weiter. Wir verwenden hier eine provozierende Fragetechnik, die da heißt: „Der Coach stellt sich dumm." Das Ziel ist, die innersten Befürchtungen so weit auf die Spitze zu treiben, bis sie kippen und wir auf einen unbewußten irrationalen Euphorie-Belief als ursächlichen Streßauslöser stoßen. Allerdings bereiten wir unsere Klienten immer vor: „Ich stelle jetzt eine Reihe von komischen Fragen, wobei ich so tue, als könne ich Sie gar nicht verstehen." Denn wir haben festgestellt, daß die Wirkung von provozierenden Techniken bei Methoden-Transparenz ebenso effektiv ist, als würde man seine Klienten mit den Provokationen überraschen. Der einzige Unterschied ist, daß bei Transparenz das Vertrauensverhältnis garantiert erhalten bleibt.

Coach: „Sie sagen, die Zuschauer könnten Ihre Beiträge blöd finden. Selbstverständlich kann das passieren. Was ist daran so schlimm?"

Werner (schaut entgeistert): „Dann kann ich mich nirgends mehr sehen lassen!"

Coach: „Warum nicht? Alle ehemaligen Talkshow-Gäste dürfen in Deutschland frei herumlaufen."

Werner (grinst ein bißchen): „Ja – aber dann denkt doch jeder: ‚Das ist doch der, der gestern so einen Unsinn geredet hat.'"

Coach: „Und was ist daran schlimm?"

Werner: „Ich will nicht, daß die Leute so über mich denken!"

Coach: „Was soll man denn über Sie denken?"

Werner: „Natürlich gute Sachen!"

Coach: „Und Sie denken auch immer nur gute Sachen über jeden anderen Menschen?"

Werner: „Natürlich nicht."

Coach: „Aber jeder Fernsehzuschauer in Deutschland soll gut über Sie denken, nicht wahr?"

An dieser Stelle brachen wir das Spiel „Der Coach stellt sich dumm" ab. Denn jetzt hatte sich im Gespräch das entwickelt, was wir den „Belief-Spiegel" nennen. Durch das überspitzte Nachfragen stießen wir auf eine potentielle „Einsturzstelle" in Werners Belief-System. Denn latent lebte er nach dem Leitspruch: „Ich muß von allen gut gefunden werden." Natürlich freut sich jeder Mensch über Würdigung und Anerkennung, doch das Problem in diesen unbewußten Beliefs ist das „MUSS". Denn dieses Muß gestattet keinerlei Kritik oder Ablehnung durch die Mitmenschen. Geschieht das doch, „bricht eine Welt zusammen". Diesen „Knacks" und auch die große Angst vor diesem Knacks könnte Werner sich ersparen, wenn er diesen Belief ent-täuschen könnte. Wir sprechen übrigens auch von „Euphorie-Beliefs", wenn dieser nicht erfüllt werden kann.

Werners Belief täuscht nämlich ein Ziel vor, welches kein Mensch jemals erreichen wird. Es ist nicht „menschenmöglich", bei allen anderen Menschen immer gleich gut anzukommen. Denn jeder Mensch hat seine persönliche Lebensgeschichte, seine persönliche Tagesform, seine individuellen Vorurteile. Natürlich kann es sein, daß jemandem Ihre Nase nicht paßt, natürlich sucht vielleicht ein anderer gerade einen Blitzableiter und entdeckt Sie völlig unschuldigen Menschen als ideales Aggressionsziel, selbstverständlich erzeugen Sie als erfolgreicher Mensch Neid bei weniger erfolgreichen Zeitgenossen. Denkt man unbewußt, daß dies alles nicht passieren darf, ergeht es einem wie Werner: Er litt ja unter der Vorstellung, bei den anonymen Zuschauern einen eventuell negativen Eindruck nicht mehr geradebiegen zu können, da er die eben beschriebenen möglicherweise ablehnenden Reaktionen nicht als Normalität, als etwas zum Alltag Dazugehöriges erlebte.

Es ist durchaus menschenmöglich, bei vielen Menschen einen guten Eindruck zu machen – aber eben nicht bei allen. Und eine gesunde emotionale Schwingungsfähigkeit entsteht vor allem dann, wenn aus dem Muß ein Wünschen wird: „Ich wünsche mir, daß mich möglichst viele Menschen mögen und anerkennen." So ein Satz beinhaltet genug Platz für Eigeninitiative, bietet aber auch eine ausreichend hohe Frustrationstoleranz, falls der Wunsch einmal nicht in Erfüllung geht. So führt die „Ent-Täuschung der Täuschung" zu bestmöglicher Stabilität, weil die Welt nun nicht mehr so schnell zusammenbrechen kann. Denn unerklärliche und ungewollte Ablehnung durch andere gehört einfach zum Leben dazu wie Regen oder Wind zum Wetter.

30. Zum Optimisten werden

Werner hatte gegen diese Ausführungen die gleichen Einwände wie viele andere Coaching-Klienten: „Wollen Sie mich zum Pessimisten machen? Pessimisten sind doch Menschen, die sich im Denken auf negative Ereignisse einstellen." Werner hatte auch von Mentaltrainings gehört, wo man sich Sätze verinnerlichen soll wie: „Du kannst alles schaffen, was du willst", oder gar: „Meine Power ist grenzenlos." „Solche Sätze geben einem doch erst die Kraft, um auch das Unmögliche zu erreichen", sagte er. „Wir haben öfter erlebt, daß irrationale Euphorie-Beliefs zwar Ziele im Kopf aufblühen lassen, aber deren Verwirklichung im Leben eher behindern als begünstigen", war unsere Antwort. Man kann diese Aussage mit einem einfachen Beispiel veranschaulichen. Angenommen, man bräuchte für die Verwirklichung eines neuen Projekts drei Leute. Der Projektleiter ist aber jemand, der gern denkt: „Ich schaffe alles allein, denn ich habe unbegrenzte Power" – überspitzt dargestellt. Der irrationale Euphorie-Belief würde zu Fehlplanungen führen und damit zum Hemmschuh des Projekts werden.

„Alles ist machbar – man braucht nur gute Ideen!" ist beispielsweise der Belief eines erfolgreichen Hamburger Unternehmers. Dieser Belief umfaßt einerseits grenzenlose Möglichkeiten, andererseits schließt er eine realistische Gestaltung der „Machbarkeit", der Verwirklichung von Visionen mit ein. Er erlaubt vernünftige Planung und Einfallsreichtum. Denn was nützt „unbegrenzte Power", wenn das Fingerspitzengefühl für das „Ei des Kolumbus" fehlt? Der Satz dieses Unternehmers ist also überhaupt nicht pessimistisch formuliert. Wichtig ist nur, daß er für eine potentielle Verwirklichung von Ideen ausreichend realistisch bleibt.

In der Rational Emotiven Therapie nach Albert Ellis werden diese inneren Sätze – auch Kognitionen genannt – dahingehend überprüft, ob sie funktional oder dysfunktional sind. Diese etwas trockenen Begriffe bringen die Anforderungen an Erfolg-Beliefs auf den Punkt: Beliefs sind dann nützlich, wenn sie das Funktionieren, also die Verwirklichung von unseren Plänen ermöglichen. Sie sollten also im wahrsten Sinne des Wortes realistisch sein, ganz nach dem Motto: Träume nicht dein Leben, sondern lebe deine Träume.

Machen Sie sich in diesem Zusammenhang einmal das berühmte Optimisten-Beispiel mit dem halb gefüllten Wasserglas bewußt. Der Pessimist sieht dieses Glas und sagt enttäuscht: „Oh, das Glas ist ja halb leer." Der Optimist hingegen freut sich: „Toll, das Glas ist ja halb voll!" Aber auch der begnadetste Optimist würde nie sagen:

„Toll, das Glas ist ja bis an den Rand gefüllt", weil das nicht der Realität entspricht. Ein Optimist ist immer auch ein Realist, der seine Ressourcen vollständig adäquat einschätzt. Er ist kein „Schönkucker", der sich etwas vormacht. Ein „Schönkucker" hingegen, der sieht, daß die Tankuhr auf halb steht, sagt sich: „Toll, ist ja ganz voll", fährt damit in die Wüste und bleibt 10 Kilometer vor der Oase liegen – wenn er Glück hat. Der Optimist würde den halb vollen Tank akzeptieren, nochmals zur Tankstelle fahren und außer dem gefüllten Tank vielleicht noch einen Reservekanister mitnehmen, um sicher die Oase zu erreichen. Genau das ist auch der Unterschied zwischen dysfunktionalen und funktionalen Erfolg-Beliefs. Werden Sie also lieber zum Optimisten statt zum „Schönkucker".

31. „Wir sind unkaputtbar": die typischen Belief-Fallen von Spitzenleistern

Natürlich hat bisher noch keiner unserer Klienten behauptet, unkaputtbar zu sein. Dennoch beschreibt dieses schöne neue Wort treffend die mentale Atmosphäre von irrationalen und daher auch dysfunktionalen Euphorie-Beliefs vieler Spitzenleister. In diesem Kapitel stellen wir Ihnen nochmals vier dieser meist unbewußten Beliefs vor, welche die Gefahr in sich bergen, daß der jeweilige Mensch „an sich selbst scheitert". Wir beschreiben kurz, warum es sich bei dem Satz um eine Belief-Falle handeln könnte und zeigen mögliche funktionale Beliefs als Alternative.

Alles ist machbar

Dieser Belief birgt außer Fehlplanungsrisiken auch noch die Gefahr in sich, daß man nicht rechtzeitig ein mögliches Verlust-Projekt erkennt und immer weiter in eine unlukrative Sache investiert. Außerdem kann dieser Belief sogar depressiv machen, wenn man an die Grenze des Unmöglichen stößt: denn da alles machbar ist, spiegelt diese Situation offensichtlich nichts anderes als die persönlichen Schwächen. Die euphorisierende Wirkung dieses Beliefs führt außerdem oft dazu, daß Menschen sich nur noch in riskanten Grenzsituationen wohl- bzw. „angekickt" fühlen, um zu erleben, wie ihr Belief in Erfüllung geht. Das kann sogar unbewußt dazu verleiten, Risiko-Situationen zu provozieren bzw. sie nicht rechtzeitig zu verhindern. Im Rahmen der Extrem-Sportarten benutzt man diesbezüglich sogar das Wort „Adrenalin-Junkies".

Funktionale Beliefs:
→ Wenn es eine Lösung gibt, finde ich sie – oder denjenigen, der sie findet.
→ Ich tue das Menschenmögliche.
→ Ich gebe mein Bestes.

Diese Beliefs stellen sicher, daß die Person sich auch wertvoll fühlt, wenn sie – ausnahmsweise – einmal keine Wunder bewirkt.

Ohne mich geht es nicht!

Ein solcher Belief verhindert sowohl konstruktive Teamarbeit als auch erfolgreiche Delegation, was oft zur Aufrechterhaltung von Spitzenleistungen von großem Wert ist. In vielen Unternehmen verhindert eine solche Haltung auch, daß sich erfahrene Mitarbeiter rechtzeitig ihren Nachwuchs aufbauen.

Funktionale Beliefs:
→ Ich kann immer wertvolle Impulse geben.
→ Ich bin eine gute Führungskraft.

Diese Beliefs erhalten das Selbstbewußtsein, auch wenn man einmal keine entscheidende Rolle spielt. Beispielsweise kann man den letzten Satz folgendermaßen weiterdenken: „Ich bin eine gute Führungskraft und brauche ein Umfeld, das diese Fähigkeit schätzt." Das wirkt zwar etwas überheblich, stellt jedoch sicher, daß die innere Welt heil bleibt, wenn man einmal nicht mitmischt – aus welchen Gründen auch immer. Natürlich funktioniert dieser Belief auch nur, wenn die Führungsqualitäten real vorhanden sind – das Glas muß also tatsächlich halb voll sein.

Man wird es mir danken

Beliefs dieser Art programmieren nahezu einen möglichen Zusammenbruch der inneren Stabilität. Menschen mit einer solchen Haltung haben in der Regel ein sehr ethisches Wertesystem als festes Fundament für ihre Persönlichkeit. Problematisch wird es, wenn man davon ausgeht, daß alle Mitmenschen dieses Wertesystem teilen: „Selbstverständlich wäre ich selbst ja auch dankbar, wenn ein anderer Mensch sich so für mich einsetzen würde." Man schließt also automatisch von sich auf andere. Viele Spitzenleister erleiden deswegen ein richtiges Sozial-Trauma, wenn beispielsweise ein Unternehmen, für das sie jahrelang engagiert arbeiteten, sich dann völlig unerwartet nicht dankbar, sondern enttäuschend verhält. Natürlich gibt es undankbare, gefühlskalte, gewissenlose, egomanische, psychopathische, feige oder skrupellose Menschen. Das Glas ist eben nur halb voll und nicht bis zum Rand mit guten Menschen gefüllt.

Vergegenwärtigen Sie sich dieses Thema mit einer Metapher aus dem Reich der großen Fische. Delphine gelten beispielsweise als sozial hoch entwickelte, intelligente, verspielte und freundliche Wesen. Doch bei aller Freundlichkeit würde ein Delphin nie denken, daß alle großen Fische ebenfalls Delphine sind. Er weiß sehr wohl, daß es auch Haie gibt und ist darauf bestens eingestellt. Delphine fallen nicht entsetzt in Ohnmacht, wenn ein Hai aufkreuzt, sie versuchen auch gar nicht erst, im Hai das Gute zu entdecken und mit ihm zu spielen, sondern vertreiben ihn auf der Stelle höchst energisch und erfolgreich aus ihrem Revier, weil sie einkalkulieren, daß der Hai keineswegs ihr Bestes will. Offensichtlich gehört die Existenz von Haien mit in das Unterwasser-Weltbild eines Delphins und er ist bestens auf deren Existenz eingestellt. Hat der Delphin sich nun erfolgreich gegen den Hai gewehrt, würde er aber nach dieser Erfahrung nicht plötzlich denken, daß jeder große Fisch – also auch die Delphine – Haie sind. Er kann nach wie vor unterscheiden und sich an seinen Artgenossen weiter erfreuen.

Wir wollen unsere Coaching-Klienten also nicht grundsätzlich mißtrauisch machen, sondern – wie schon beschrieben – auch beim Thema „Mitmenschen" für funktionale Beliefs sorgen. Geschieht dies nicht, kann sich das ursprüngliche Problem nämlich noch weiter zuspitzen. Man fängt an zu hadern und will den anderen zeigen, daß sie das nicht „so einfach machen dürfen" oder mal „begreifen sollen, was sie falsch gemacht haben". Das ist so, als würde der Delphin jetzt dem Hai hinterherschwimmen, ihn in die Unterwasser-Höhle drängen und mit ihm so lange diskutieren, bis dieser sich dafür entschuldigt, ein Hai zu sein – während die anderen Delphine schon lange wieder lustig spielen. Über Energieverschwendung durch Wiedergutmachungs-Wünsche haben wir ja schon im Kapitel zum Thema „Rache" gesprochen.

Funktionale Beliefs:
→ Menschen sind verschieden.
→ Ich kann Menschen nicht ändern – nur mit ihnen auskommen.
→ Ich kann einen Menschen nur ändern, wenn er es auch will.
→ Es gibt Delphine und Haie – und auf beide bin ich vorbereitet.
→ Gleichgesinnte sind ein Geschenk – aber ich habe kein kosmisches Recht darauf.

Ich muß immer die richtige Lösung finden

Dieser Belief unterstellt unbewußt, daß das Leben ein Sumpf von falschen Lösungen ist, aus dem die richtige Lösung wie eine sichere Insel herausragt. Ein falscher Schritt – und schon wird man vom Sumpf verschluckt. Schon wenn Menschen mit zwei Möglichkeiten konfrontiert werden, denken sie schnell: „Und wenn ich mich jetzt für das

Falsche entscheide?" Unsere Lernprägung im digitalen Denken führt zu der sehr vereinfachten Sichtweise, daß wir uns nur entscheiden können zwischen: ja und nein, richtig und falsch, schwarz und weiß, 1 und 0. Doch denken Sie einmal an den Spruch: „Viele Wege führen nach Rom." So könnte es doch auch sein, daß es zehn Möglichkeiten gibt, alle sind auf sicherem Boden und alle sind „richtige Lösungen", wenn man das Beste aus ihnen macht.

Natürlich hat jeder dieser zehn Wege seine eigenen Schwierigkeiten. Beim digitalen Falsch-richtig-Denken führt jedes Experiment auf neuen Wegen dazu, daß man sich schon bei kleinsten Schwierigkeiten oder Pannen sagt: „Also habe ich doch das Falsche gewählt, das wäre bei der anderen Lösung nicht passiert, da die ja offensichtlich die richtige war." So wird jegliche Kreativität und Tatkraft auch noch mit Hadern blockiert. Stellt sich dann tatsächlich heraus, daß ein anderer Lösungsweg idealer wäre, haben viele Menschen fatalerweise auch noch den Belief, daß man sich nur einmal entscheiden darf und dann nie mehr: „Wer A sagt, muß auch B sagen." Man darf nun also nie mehr nach den anderen neun Lösungen schielen. So werden aus Lösungen Knoten.

Funktionale Beliefs:
→ „Viele Wege führen nach Rom."
→ Auch bei den größten Erfindungen gab es viele Experimentierreihen.
→ Ich mache das Beste daraus.
→ Sich auf den Weg machen ist das Ziel.
→ Probieren geht über Studieren.
→ Es gibt keine Fehler, nur Ergebnisse, die man verwerten muß.
→ Wer A sagt, darf beim Probieren auch feststellen, daß es nicht optimal war, A zu sagen.

32. Abschied von „der Euphorie-Falle"

Belief-Coaching erfordert vom Coach einiges Know-how über die psychologische Wirkung von Satzstrukturen. Es gibt im großen und ganzen drei Sorten von dysfunktionalen Satzmustern: Tilgen, Verzerren und Generalisieren. Eine außerordentlich präzise Darstellung zu diesem Thema finden Sie in den ersten NLP-Büchern von Richard Bandler und John Grinder: *„Struktur der Magie",* Teil I und II. Für die meisten Leser mögen jedoch die bisherigen Ausführungen reichen, um ein „Fingerspitzengefühl" für die Folgen von dysfunktionalen Beliefs zu bekommen.

Das gemeinsame Überprüfen von Beliefs hinsichtlich ihrer Erfolgs- und Selbstwert-Funktionalität nennt man auch „Disputieren". Wenn wir beim Belief-Spiegel die dysfunktionalen Euphorie-Beliefs identifizieren konnten, folgt vor der eigentlichen Intervention noch eine weitere Gesprächssequenz, in der wir uns gemeinsam mit dem Klienten über den gefundenen Belief auseinandersetzen. Beim Disputieren laufen in etwa Gesprächsinhalte ab, wie es gerade im Kapitel „Wir sind unkaputtbar" vorgestellt wurde. Gemeinsam werden dann die funktionalen Beliefs entwickelt. Natürlich wird dieser Part zunächst überwiegend durch den Verstand gesteuert. Emotionaler Abschied von den dysfunktionalen Beliefs erfolgt dann wieder durch die bilaterale Hemisphärenstimulation.

Hier arbeiten wir nun mit „EMDR rückwärts": „Wir haben jetzt zwar die Dysfunktionalität Ihrer Beliefs entdeckt, aber irgendwie hat er Ihnen ja auch ein gutes Gefühl gemacht. Natürlich macht der Satz: ‚Ich schaffe alles' ein sehr positives Körperecho." Die Klienten fokussieren dieses oft sogar euphorische Körperecho, wenn das Processing durchgeführt wird. Und hier geschieht dann etwas äußerst Interessantes. Ansonsten laufen die Prozesse ja immer ins Wohlgefühl hinein: Subjektives Unbehagen baut sich ab, angenehme Gefühle werden intensiver. Haben wir es aber mit dysfunktionalen Euphorie-Beliefs zu tun, geschieht beim Processing das Gegenteil: Das tolle Gefühl verflüchtigt sich. „Es ist, als wäre ich vorher high gewesen und als wäre ich jetzt von einer Sekunde auf die andere wieder nüchtern", beschrieb ein Klient diesen Effekt. Andere benutzen Begriffe wie „geerdet", „wieder gelandet" oder „nicht mehr unter Strom", „wie aufgewacht".

Gerade dieser Effekt hat wiederum unseren Respekt vor der individuellen Weisheit eines jeden Menschen angesprochen. Durch bilaterale Hemisphärenstimulation finden Menschen offensichtlich ganz von allein von einem heiklen und aufgeputschten zu einem stabilen und tragenden Gleichgewicht zurück. Sie verabschieden sich im Prozeß durch die eigene mentale Integrationsleistung von ihren Euphorie-Fallen.

33. Die Verinnerlichung von Ich-stärkenden und gesundheitserhaltenden Beliefs

Wie schon beschrieben werden beim Diputieren gemeinsam mit den Klienten ein neuer oder eine Reihe von neuen Beliefs entwickelt. Diese verfolgen das gleiche Ziel wie der vorherige, sind jedoch optimal und funktional formuliert. Nun kennen Sie aber auch den Ausspruch: „Schöner Spruch – wäre schön, wenn ich's glauben könnte." Es geht nun also noch um die emotionale Verankerung von den gemeinsam entwickelten funktionalen Erfolg-Beliefs. Hierbei bedienen wir uns der Magic-Words-Methode, welche wir zum schnellen Abbau von mentalen Blockaden und der Etablierung von positiven Schlüsselwörtern und -sätzen entwickelt haben. Dabei bitten wir unsere Klienten, sich einen der neuen Beliefs herauszusuchen und ihn sich geschrieben vor dem geistigen Auge vorzustellen.

Dann intensivieren wir die Repräsentation des Beliefs auf dem „mentalen Bildschirm" mit sinnesspezifischen Methoden:
→ Größe des Schriftzuges;
→ Schriftart, wie z.B. gedruckt oder Handschrift;
→ Farbe oder Farben der Buchstaben;
→ Farbe des Hintergrunds;
→ vielleicht sogar dreidimensionales Material: wie Neonschrift, aus Holz geschnitzt, wie aus Wolken in den Himmel geschrieben usw.;
→ nun bekommt der Satz noch die entsprechende Tonqualität: eine bestimmte Stimme oder Stimmen, die den Satz sagen oder vielleicht sogar singen;
→ weitere auditive Unterstützung wie ein Tusch, zartes Vogelgezwitscher oder brausende Orgelklänge.

Mit diesen Sinneseindrücken wird so lange gearbeitet, bis der Satz dem Klienten ein gutes, vor allem stabilisierendes Gefühl gibt. Nun fokussiert er diesen sinnlich gestalteten positiven Belief, nimmt das stabilisierende Körperecho auf diesen Satz hin wahr, und das Processing wird wieder so lange durchgeführt, bis das Ergebnis als optimal empfunden wird. Ebenso verfährt man mit weiteren Beliefs, welche der Klient noch zur Stärkung seiner inneren Balance verinnerlichen möchte.

VI. Weitere Coaching-Themen

Bis hierher haben wir ihnen die wichtigsten Ausführungen zum Einsatz von EMDR bzw. Wingwave-Verfahren im Coaching vorgestellt. In diesem Kapitel finden Sie jetzt noch einige weiterführende Gedanken zu diesem Thema. Sie werden einfach aneinandergereiht vorgestellt, ohne unbedingt einen direkten Bezug miteinander zu haben.

34. Sport-Coaching

Spitzensportler stehen vor allem im Wettkampf unter erheblichem Leistungsstreß. Eigentlich wäre es nach jedem nicht gewonnenen Wettkampf äußerst wichtig, die Enttäuschung über eine Niederlage – denn so empfinden doch die meisten eine solche Situation – möglichst schnell zu integrieren, damit sich nicht am Ende ein allgemeines Streßgedächtnis zu den Stichwörtern „Wettkampf", „Olympiade", „Meisterschaft" usw. aufbaut. Auch das Training kann durch bilaterale Hemisphärenstimulation ideal unterstützt werden: Man fokussiert die gesamten Bewegungsabläufe, sorgt dafür, daß sich der Sportler allen potentiellen Wettkampfgegnern „gewachsen" fühlt, motiviert ihn oder sie für die manchmal monotonen Trainingssequenzen.

Die besten Trainingsergebnisse erzielt man, wenn der Sportler während der Intervention seine Sportkleidung trägt oder hält: Boxhandschuhe, Tennisschläger oder Ball in der Hand. Oder die Intervention findet sogar am Ort des Geschehens statt. Ideal ist die Kombination mit eingespieltem Zuschauerlärm aus dem Lautsprecher. Ganz wichtig ist auch das Coaching des intrapersonellen Dialogs, welches der Sportler in der Leistung mit sich selbst führt, wie in dem Kapitel zum Thema „Eigenmotivation" dargestellt. Je mehr sinnesspezifische Details aus dem Leistungserlebnis positiv integriert werden, desto ressourcevoller ist dann später in der Situation selbst die mentale Verfassung und somit das Leistungsvermögen.

35. Ein neuer Ansatz zum Umgang mit übermäßigem Genuß

Natürlich handelt es sich bei diesem Gebiet nicht um ein klassisches Coaching-Thema. Dennoch sprechen uns viele unserer Coaching-Klienten im Laufe der Zusammenarbeit immer wieder darauf an, daß sie eigentlich auch weniger essen oder Alkohol trinken oder mit dem Rauchen aufhören möchten. In der Realität sind diese Themen aber nicht durch eine scharfe Linie zu trennen, denn Spitzenleistung geht auch immer mit sogenannten „social events" einher, wo eben gegessen, getrunken und geraucht wird. Man denke nur an die vielen Geschäftsessen oder Partys, welche im Dunstkreis von Spitzenleistung gern oder oft auch ungern absolviert werden.

Auch ist es weitverbreitet, daß Spitzenleister versuchen, ihren Leistungsstreß durch sinnliche Genüsse zu kompensieren: „Ich arbeite so viel, da möchte ich mir auch etwas gönnen, was mir Spaß macht." Sicher haben Sie solche Argumente schon von anderen oder gar von sich selbst gehört. Andererseits weiß man aber um die gesundheitsschädigende Wirkung einiger dieser Verhaltensweisen und möchte seinen diesbezüglichen Konsum doch reduzieren. Doch gerade bei diesen Themen driften Verstand und Emotion doch sehr stark auseinander, wobei die Emotion den Verstand allzu oft besiegt.

Auch bei einem solchen Thema arbeiten wir erfolgreich mit der Technik „EMDR rückwärts". Wir lassen unsere Klienten ganz genau beschreiben, warum Sie ihr Genußmittel so lieben: sei es die Schokolade, den Rotwein oder die Zigarre. Da kommen eine Fülle von Antworten: man fühlt sich geborgen, geliebt, man spürt Stolz, Anerkennung, Lust, Entspannung und Lebensfreude. Wir bitten unsere Klienten dann, genau das Körperecho von Entspannung, Lust oder Geborgenheit zu beschreiben. Es wird also nicht das Körperecho auf das Genußmittel hin gesucht, sondern die Körperantwort auf den positiven emotionalen Zustand. Nun fokussiert der Klient sein Genußmittel und das positive körperliche Emotionsecho gleichzeitig, während das Processing durchgeführt wird. Die Ergebnisse sind genauso wie beim Coaching von Euphorie-Beliefs: Die Klienten denken an ihr Genußmittel und fühlen sich plötzlich total ernüchtert: „So ein kleines braunes Teil, daß sich Schokolade nennt, kann mir doch gar keine Liebe geben – so ein Quatsch!" Es findet eine regelrechte Entzauberung statt.

Natürlich wird durch dieses Vorgehen auch die schöne Wirkung von Werbung entzaubert. Da gibt eine Zigarette ein Gefühl von Freiheit, anstatt daß man dabei an jämmerlichen Husten denkt, bei einer getrockneten, krachenden, salzigen Kartoffelscheibe assoziiert man durch den Slogan „Your friends are here" ein Gefühl von Geborgenheit, ein Champagner oder eine Zigarre suggerieren, ungeheuer wichtig zu sein. Mit anderen Worten: Die emotionalen Versprechungen dieser Genußmittel sind völlig übertriebene Gefühlsmogelpackungen. Durch das Processing wird das all zu enge assoziative Netzwerk zwischen Genußmittel und Emotion gelöst, das Gier- oder Suchtgefühl neutralisiert. Diese Ernüchterung wird von all unseren Klienten auch als Befreiung erlebt. Nun stellt sich ein neuer Genuß ein: Sie genießen es, innerlich „Nein" zu den sinnlichen Verführern sagen zu können.

Nach dieser Entzauberung fahren wir immer noch mit einem Selbstbild-Coaching fort: Der Klient visualisiert sein blühendes, kraftvolles und gesundes Zukunfts-Ich, welches jetzt frei von einem übertriebenen Verlangen nach Genußmitteln lebt. Dieses Erlebnis ist dann das neue Genußmittel.

36. Die Bedeutung von Streßimpfung

Viele unserer Klienten, die öfter Wingwave-Coaching erlebt haben, berichten über einen generellen Effekt dieser Methode. Sie erleben zunehmend, daß sie sehr oft in Situationen gelassen bleiben, in denen sie sich früher sofort aufgeregt hätten. „Und selbst wenn ich mich ärgere oder eine Ideenblockade habe, hält ein solcher Zustand nur noch ganz kurz an – ich komme jetzt viel schneller von allein aus diesen inneren Blockierungen heraus", beschrieb die Personalleiterin Karin diesen Effekt. Es scheint so zu sein, als würde das Gehirn Streßerlebnisse als Auslöser für höchstmögliche Kreativität und nicht mehr für neuronale Blockierung automatisieren. Es findet offensichtlich statt, was man in der Verhaltenstherapie „Streßimpfung" nennt.

Somit wäre es eine weitere Motivation, Wingwave-Coaching nicht nur anlaßbezogen zu nutzen, sondern diesen Ansatz auch als ein neuronales Training für generelle Streßbewältigung zu begreifen. Offensichtlich entwickelt man durch das wiederholte Erleben dieser Methode einen individuellen Engelskreis mit den Erlebnissen, die täglich auf uns einstürmen: Man bleibt in Fluß mit seinen Gefühlen, erstarrt nicht mehr, sondern reagiert lebendig und aktiv.

37. Emotionen und Langlebigkeit: ein philosophischer Gedanke

Die Ausführungen in diesem Kapitel sind bitte nur als ein Gedankenspiel aufzufassen, was sich bei uns anläßlich der intensiven und täglichen Beschäftigung mit den Möglichkeiten dieser Coaching-Methode ergeben hat. Natürlich hört es sich etwas größenwahnsinnig an, wenn man sich fragt: „Was wäre, wenn jeder Mensch seine nicht verarbeiteten Streßerlebnisse oder immer wiederkehrenden Gedanken- und Leistungsblockaden systematisch wieder integriert?" Bei jeder Form des Processings zeigt sich uns das anfangs geschilderte „Dornröschenschloß-Phänomen": Emotionale Prozesse, die neuronal irgendwie zum Stehen kamen, werden wieder in einen emotionalen Fluß gebracht – der Schreck steckt nicht mehr in den Knochen, das „Brett vor'm Kopf" verschwindet, ein Erlebnis „wurmt nicht mehr".

Wieviel Anstrengung mag es wohl ein Nervensystem kosten, nicht-verarbeitete emotionale Blockaden täglich auszubalancieren? Welchen Einfluß hat eine solche ungünstige Aktivierung nicht nur auf die Leistungskraft, sondern auch auf die körperliche Gesundheit? Leben und Lebendigkeit sind nämlich gleichzusetzen mit Bewegung: Das Blut fließt, das Herz schlägt, das Nervensystem reagiert beständig auf neue Reize von außen. In der Psychotherapie spricht man von „Schwingungsfähigkeit", wenn ein Mensch immer wieder flexibel und eben nicht starr auf Erlebnisse von außen reagiert. Nicht-Bewegung und Starrheit sind eigentlich das Gegenteil von Lebendigkeit. Da kommt schon mal der kühne Gedanke auf, daß durch „Schwingungsinterventionen", welche emotionale Starrheit wieder in einen lebendigen Fluß verwandeln, auch Gesundheit und damit vielleicht sogar auch Langlebigkeit gefördert wird. Denn – wie gesagt – das Wort Emotion bedeutet vom Wortstamm her Bewegung und eben nicht Stillstand. Vielleicht fördern fließende, lebendige Emotionen auch Lebendig-Sein? Nehmen Sie diese Ausführungen einfach als weitere Anregung. Sie sind weniger als eine medizinische These, sondern vielmehr als ein philosophischer Gedanke zu verstehen.

38. Der Coaching-Rahmen

Die in diesem Buch vorgestellte Coaching-Methode bieten wir unsere Klienten in einem Zeitrahmen von fünf bis zehn Coaching-Stunden an. Das gilt natürlich pro einzelnes gewähltes Ziel. Die meisten unserer Klienten kommen auch mit einem gezielten, einzelnen Thema: Sie wollen in einer bestimmten Verhandlung erfolgreich sein, ein Leistungsziel erreichen oder mit bestimmten Mitmenschen besser und professionell zurechtkommen. Hat aber ein Klient mehrere Themen, wählen wir gemeinsam das heraus, was ihm am wichtigsten ist. Für ein weiteres Thema werden dann wieder fünf bis zehn Coaching-Sitzungen neu vereinbart. Kommen die Klienten von außerhalb, vereinbaren wir auch halbe oder auch ganze Arbeitstage. Natürlich wäre ein wöchentliches Treffen ideal – jedoch muß man sich beim Spitzenleistungs-Coaching realistischerweise auch nach dem Kalender der Klienten richten. Was nützt das Aufarbeiten von Leistungsstreß, wenn durch ein rigides Coaching-Zeitkonzept wieder neuer Streß entsteht?

Als äußerer Rahmen empfiehlt sich immer ein räumlicher Wechsel vom täglichen Arbeitsplatz. Viele unserer Kunden kommen gern zu uns nach Hamburg. Ist dies nicht möglich, besuchen wir auch die Kunden, bestehen dabei jedoch darauf, daß das eigentliche Coaching immer an einem neutralen Ort stattfindet. Für ein „in vivo"-Coaching ist natürlich die Arbeitsplatznähe von Vorteil, aber man muß immer wieder in einen angenehmen Raum außerhalb des täglichen Arbeitsfeldes zurückkehren können.

Wir selbst bilden zur Zeit geeignete Experten in Wingwave-Coaching aus. Unser Ziel ist es, daß wir an möglichst vielen Orten in Deutschland Adressen von geeigneten Coaches nennen können. Natürlich können Sie sich auch jederzeit an bereits ausgebildete EMDR-Therapeuten wenden. Diesbezügliche Adressen erhalten Sie bei der deutschen EMDR-Organisation EMDRIA, die Anschrift finden Sie im Anhang. Fragen Sie aber bei der Auswahl gezielt nach, ob der- oder diejenige grundsätzlich auch Coaching-Experte ist, denn die überwiegende Anzahl der Anwender ist auf die rein klinische Anwendung von EMDR spezialisiert. Bei weiteren Fragen wenden Sie sich gern an uns Autoren, unsere Adresse finden Sie ebenfalls im Anhang.

VII. Wingwave-Coaching: bilaterale Hemisphären-stimulation in Kombination mit NLP und Kinesiologie

Viele Leser mögen sich im Laufe unserer Ausführungen gefragt haben, in wie-weit EMDR eine gute Kombination aus bereits vorher bekannten Methoden-elementen verschiedener therapeutischer Schulen ist. Verhaltenstherapeuti-sche Ansätze sind ja unverkennbar. Und natürlich kannte man schon vor EMDR the-rapeutische Stimulationstechniken über Augenbewegungen – allerdings nicht so rasch wie beim EMDR durchgeführt. In der Kinesiologie beispielsweise läßt man die Augen den Bewegungen einer liegenden Acht folgen, bekannt ist ebenfalls das Bild der pendelnden Taschenuhr bei der klassischen Hypnose. Auch beim Yoga – mit einer der ältesten Körpertherapiemethoden der Welt – gibt es eine Reihe von Augenbewe-gungsübungen. Sogar in traditionellen asiatischen Tänzen sind sich rasch bewegende Augen ebenso wichtig und eingeübt wie Tanzschritte, was vielleicht neben der kultu-rellen auch eine gesundheitspflegende Bedeutung haben mag.

Immer mehr Experten sind sich sicher, daß der positive Effekt dieser Stimulations-techniken durch die Bahnung einer optimalen Zusammenarbeit zwischen den beiden Gehirnhälften und somit aller Gehirnareale entsteht. Deswegen stimuliert man in-zwischen im EMDR auch über auditive und taktile abwechselnde Reize die beiden Hemisphären. Dieses Vorgehen kommt ebenfalls ganz ausführlich in verschiedenen Richtungen der Kinesiologie zum Tragen, man denke da nur an die speziellen Arm- und Beinbewegungen in der Edukinästhetik zur Verbesserung der Lernleistung. Und Anwender des Neurolinguistischen Programmierens wissen, daß eine Intervention nur als gelungen einzustufen ist, wenn der Klient zum Schluß aus einem inneren Im-puls heraus völlig körpersymmetrisch dasitzt oder -steht – wahrscheinlich ein Zeichen dafür, daß alle Gehirnareale durch die Veränderungsarbeit zu einer optimalen Zusam-menarbeit vernetzt wurden.

Diese verbreitete Erkenntnis stand schon einmal Pate für unser Wingwave-Coaching, wo wir jetzt alle uns bekannten Techniken zur bilateralen Hemisphärenstimulation integrieren. Entscheidend für die Auswahl der jeweiligen Stimulationstechnik ist immer der Klient: Wir setzen stets die Methode fort, auf die unser Gegenüber am positivsten reagiert. Denn dadurch werden offensichtlich die entscheidenden „brainwaves" ausgelöst, welche den Klienten in den bestmöglichen Kontakt mit seinen mentalen Ressourcen bringen. „Brainwave" heißt im Englischen übrigens sinngemäß „Geistesblitz" oder tolle Idee. Der Wortbestandteil „Wing" deutet darauf hin, daß ein zielgerichteter und sicherer Flug erst dann gelingt, wenn die „Wings" – also die Tragflächen oder Flügel – in optimaler Feinabstimmung zusammenarbeiten – genau wie die beiden Gehirnhälften es idealerweise tun sollten.

Weiterhin möchten wir mit „Wingwave" an den sanften Flügelschlag des Schmetterlings erinnern, der im Klima derartige Wellen zu erzeugen vermag, daß sich dadurch das ganze Wetter ändern kann. Das funktioniert jedoch nur, wenn der „Wing" genau an der richtigen Stelle in der Atmosphäre stattfindet. Flügelschlag und Wirkungs- oder Triggerpunkt müssen also optimal miteinander kombiniert sein, um den bestmöglichen Effekt zu erzielen. Diesbezüglich zeigt wiederum EMDR, wie wichtig es ist, die „Flügelschlag-Intervention" ganz gezielt mit kognitiven und emotionalen Prozessen des Klienten zu kombinieren. Bei Wingwave-Coaching verknüpfen wir die bilaterale Hemisphärenstimulation mit bewährten Elementen aus dem Neurolinguistischen Programmieren. Zum Thema „Bewährt-Sein" möchten wir hier noch erwähnen, daß die Neurolinguistische Psychotherapie bereits seit längerer Zeit von der European Association of Psychotherapy (EAP) aufgrund ihrer guten Forschungsergebnisse in den Katalog der europaweit anerkannten Psychotherapiemethoden aufgenommen wurde.

Einige der in den Ablauf integrierten NLP-Interventionen wurden in diesem Buch bereits vorgestellt: das Ankern und gezielte Nutzen von Ressourcen, die Arbeit mit den Sinnesmodalitäten, Selbstbild-Coaching, der Aufbau von Ich-stärkenden intrapersonellen Dialogen, zielgerichtete Motivation, Teamprozesse im inneren Persönlichkeitssystem usw. Hinzu kommen natürlich noch eine Reihe von weiteren Formaten wie die Timeline- oder Strategie-Arbeit, wie auch die Disney-Strategie. Dabei sind der Kreativität keine Grenzen gesetzt. Beispielsweise lassen wir die Klienten ihre Timeline im Raum aufbauen, und während sie dann auf verschiedenen Zeitpunkten ihres Lebens stehen, führen wir das Processing durch. Auch bei der Reimprinting-Methode, welche man als eine „innere Familienaufstellung mit NLP" bezeichnen kann, führt die Kombination von bilateraler Hemisphärenstimulation und der Fokussierung alter Familienmuster schnell zu einem versöhnten, erwachsenen inneren Gleichgewicht. Die Ergebnisse dieses Coaching-Ansatzes sind insgesamt äußerst effektiv und gleichzeitig zeitökonomisch, was für Spitzenleister von ganz besonderer Bedeutung ist.

Um im Coachingprozeß stets gezielt und punktgenau zu arbeiten, begleiten wir den gesamten Interventionsverlauf noch mit dem Omura-Ringtest. Dies ist ein Muskeltest, welcher genau zeigt, bei welchen inneren Vorstellungen ein Mensch mit körperlichem Streß reagiert. Dieser Test arbeitet nach dem gleichen Prinzip wie ein Lügendetektor. Denn ein solches Gerät zeigt ebenfalls die körperliche Antwort auf ein Wort oder eine innere Vorstellung. Bei guter Einarbeitung kann jedoch der Omura-Ringtest eine „Verkabelung" des Klienten ersparen. Bei dem Test bildet der Klient mit Daumen und Zeigefinger den Buchstaben „O". Der Tester versucht, den festgehaltenen Ring zu öffnen. Sperrt der Muskel mit seiner Kraft das Gelenk, ist der Klient in der Ressource, gibt der Muskel kraftlos nach, gilt das als Indikator für eine Streßreaktion des Nervensystems. Aus der Kinesiologie kennt man natürlich noch eine Reihe von anderen Muskeltests. Entsprechende Untersuchungen haben gezeigt, daß der Omura-Ringtest als besonders verläßlich eingestuft werden kann. Wir nutzen überwiegend dieses Muskeltest-Verfahren bei Wingwave-Coaching, was sich für unsere Art der Arbeit als völlig ausreichend erwiesen hat. Übrigens können wir den Omura-Test hier nur erwähnen. Für die Anwendung muß man ihn live erleben und erlernen. Interessierte Leser finden im Anhang dieses Buches noch einen Auszug über diesen Test aus unserem Buch „Magic Words".

Der Muskeltest ist eine sehr gute Überprüfung des jeweiligen Interventionseffekts. Fällt die Testung stark aus, gilt die Intervention als abgeschlossen. Zusätzlich kann man mit dem Omura-Test auch noch herausfinden, welches von mehreren Coaching-Themen zur Zeit das wichtigste ist oder ob ein gewähltes Thema überhaupt gecoacht werden muß. „Ich habe da eine Kollegin, die finde ich einfach unmöglich", erzählte uns neulich Stefan, ein junger Anwalt. Beim Gedanken an diese Kollegin und ihr Verhalten fiel der Omura-Ringtest jedoch stark aus. Das bedeutet nun nicht, daß Stefan die Kollegin heimlich doch gut findet, sondern vielmehr, daß er zwar von ihr sehr genervt ist, sich aber „der Sache gewachsen fühlt", wie die Muskelreaktion zeigt.

Weiterhin kann man herausfinden, ob es zu einem aktuellen PAS-Thema noch lebensgeschichtlich ungünstige Vorerfahrungen gibt, die zusätzlich mit einigen „Wingwaves" wieder integriert werden müssen. Hier gibt es oft ganz erstaunliche Ergebnisse. So landeten wir mit einer unserer Klientinnen durch die Testung bei ihrem Musikunterricht in der Grundschule. Sie hatte einen offensichtlich sadistischen Lehrer, der sie immer wieder aufforderte, vor der gesamten Klasse zu singen – wohlwissend, daß sie immer total falsch sang. Entsprechend wurde sie auch von allen ausgelacht. Obwohl das Erlebnis über zwanzig Jahre her war, testete sie immer noch schwach bei der Erinnerung. Nachdem dieser Erinnerungsstreß neutralisiert war, konnte sie ihre Präsentationen völlig sicher abhalten. „Ohne diesen Test hätte ich mich nie an dieses Erlebnis erinnert – geschweige denn kombiniert, daß es etwas mit meinem heutigen Lampenfieber vor Präsentationen zu tun hatte", sagte die Klientin später.

Wingwave-Coaching mit der hier vorgestellten Methodenkombination umfaßt drei Themenkreise:

→ Coaching von Spitzenleistungsstreß bzw. PAS-Coaching,
→ Ressourcen-Coaching,
→ Belief-Coaching.

Und unser Coaching-Motto heißt: DO IT THE WING WAY! Eigentlich ist dieses Prinzip für jeden Erfolg im Leben nützlich.

Anhang

Der O-Ringtest

(Textauszug aus: *„Magic Words. Der minutenschnelle Abbau von Blockaden."* Junfermann 2001)

Es gibt einen faszinierenden körperorientierten Therapieansatz, der sich *Kinesiologie* nennt. Diese Methode basiert auf der Erkenntnis, daß unsere gesunden Muskeln in Sekundenschnelle ihr Kraftvermögen ändern können. Diese Veränderungen unterliegen offenbar einem einfachen Schema: Unter dem Einfluß positiver Wörter und Gedanken sowie bei Hautkontakt mit für den Körper gesunden Gegenständen oder Substanzen erreichen die Muskeln ihre volle Kraft. Bei negativ besetzten Wörtern und Gedanken oder bei Hautkontakt mit negativen Substanzen und Gegenständen reagieren die Muskeln mit spontaner Schwäche. Wenn ich nun von *Muskeltest* spreche, meine ich nicht, daß der Muskel selbst getestet wird. Nein, man benutzt den gesunden Muskel in der Kinesiologie als *aktiven Tester* äußerer und innerer Einwirkungen auf Körper und Seele. Er sagt uns durch seine Reaktion, was uns guttut und was nicht. Inzwischen gibt es ein Gerät auf dem Markt, welches den Muskeltest objektiv durchführt. Doch kann jeder mit nur sehr wenig Aufwand lernen, den Muskeltest von Mensch zu Mensch durchzuführen. Die Ergebnisse sind nach unseren zahlreichen Tests und nach den Ausssagen des Herstellers die gleichen.

Natürlich haben wir am ganzen Körper Muskeln. Hiervon wählt man für den Muskeltest einen Muskel aus, der sich besonders gut für das Anzeigen der spontanen Veränderungen der Muskelkraft eignet. Man spricht dann vom sogenannten *Indikatormuskel*. Er demonstriert im Test die Veränderung. In der Kinesiologie wird meist die Kraft des seitlich ausgestreckten Armes einer stehenden Person getestet. Dabei versucht eine zweite Person, Ihren Arm nach unten zu drücken. Wir selbst bevorzugen den *O-Ringtest*, weil er besser handhabbar ist und im Sitzen durchgeführt werden kann.

Zur Durchführung bedarf es außer der eigenen noch einer zweiten Person, die den Test mit Ihnen durchführt, und einer modernen, batteriebetriebenen Armbanduhr. Doch diese Person muß nicht auf der Stelle her. Lesen Sie erst einmal in Ruhe alles über diesen Test, und verschieben Sie die Umsetzung auf später.

Sie setzen sich bei diesem Test bitte vollkommen körpersymmetrisch (z.B. *nicht* die Beine überschlagen, *nicht* den Kopf schiefhalten, sondern geradeaus schauen usw.) auf einen Stuhl; zwischen beiden Knien und Füßen bleibt ein kleiner Abstand. Die andere Person, die als Tester fungiert, sitzt rechts oder links neben Ihnen. Sie *beide* dürfen zunächst *keine Batteriearmbanduhr* tragen. Mit Daumen und Zeigefinger Ihrer dem »Tester« zugewandten Hand bilden Sie bitte einen festen, runden Ring. Sie halten dem Tester diesen angespannten »Muskelring« hin, damit er Ihre Kraft überprüfen kann. Handfläche und Fingerspitzen zeigen dabei nach oben. Auf ein Zeichen von Ihnen – zum Beispiel »jetzt« – versucht er, mit beiden Händen Daumen und Zeigefinger auseinanderzuziehen.

Dabei müssen Sie beide ein Gefühl für Ihre *individuelle Kraft* entwickeln. Es geht hier um die Frage, wie stark und stabil sich der Muskel zusammenzieht, um die Finger zusammenzuhalten. Es dürfte einleuchten, daß die Kraft beispielsweise eines Kindes eine andere ist als die eines ausgewachsenen Bodybuilders.

Beim zweiten Durchgang sollen der Tester und Sie einen Erfahrungswert für die *individuelle Schwächereaktion* Ihrer Muskeln entwickeln. Nehmen Sie eine Batterieuhr in

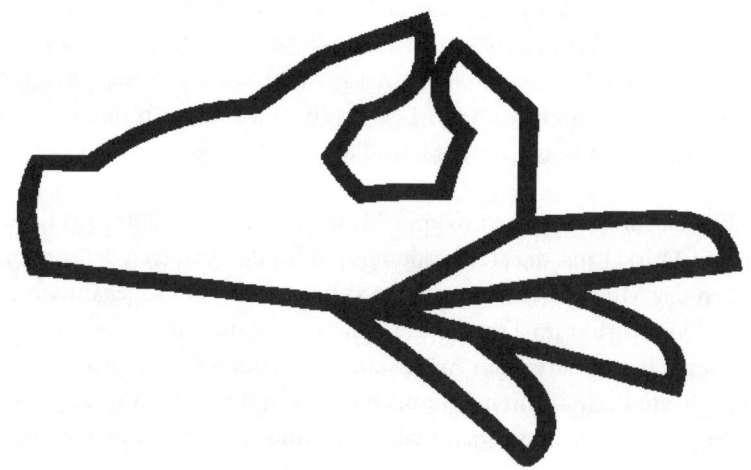

die andere geschlossene Hand, so daß die Handflächen Kontakt mit den Metallanteilen der Uhr bekommen. Jetzt bilden Sie mit der Testhand wieder den Muskelring. Der Tester wiederholt die Kraftprobe. Diesmal geht bei neun von zehn Personen der kräftig gehaltene Ring im Gegensatz zu vorher »wie Butter« auf. Sie haben das Gefühl, als würde Ihr Befehl zum Halten bei den Fingern Ihrer Hand nicht richtig ankommen.

Die meisten Menschen sind sehr verblüfft über dieses Erlebnis, zumal der Muskelring wieder kräftig hält, wenn man andere Dinge als eine Batterieuhr in die Hand nimmt, beispielsweise einen Edelmetallring. Die Muskelschwäche wird durch das elektromagnetische Energiefeld der Batterie der Uhr ausgelöst, das über die Metallberührung auf Ihre Haut und somit in den Körper geleitet wird. Wenn Sie willentlich Daumen und Zeigefinger zu einem Ring schließen wollen, muß dieser Gedanke irgendwie vom Kopf in die ausführende Hand gelangen. Er nimmt diesen Weg über Ihre Nervenbahnen. Der sogenannte Nervenimpuls wird auf elektrochemischem Wege weitergeleitet. Die Nervenbahnen selbst enden direkt auf den einzelnen Muskelfasern und »sagen« durch eine bestimmte Stoffwechselkombination dem Muskel, daß er sich schließen oder öffnen soll – je nachdem. Die Batterie der Uhr stört offensichtlich nach physikalischen Gesetzen die elektrochemische Balance der Nervenbahnen, so daß der eigentliche Befehl nur noch mit verminderter Kraft auf den Muskel trifft.

Manche Menschen reagieren schon beim ersten Durchgang, bei dem eigentlich Kraft gemessen werden soll, mit Schwäche. Die Finger wirken kraftlos und können den Ring nicht halten. Ist dies bei Ihnen der Fall, sollten Sie Ihre *Thymusdrüse stimulieren*. Diese – wie man in der Medizin heute weiß – für unser Immunsystem und die allgemeine Körperkraft bedeutsame Drüse befindet sich hinter dem Brustbein. Klopfen Sie mit der lockeren Faust leicht auf den zirka zehn Zentimeter oberhalb der Brust befindlichen Bereich hin und her. Wer nicht weiß, wie das geht, schaut sich noch einmal einen Tarzan-Film an. Tarzan trommelt sich bei seinem berühmten Schrei sogar mit beiden Fäusten an diese wichtige, kraftspendende Stelle. Sie wählen dann die oben geschilderte moderate Form – ohne Schrei. Statt eines auffälligen Trommelns ist auch ein leichtes Klopfen mit der Hand für die erwünschte Wirkung völlig ausreichend. Wie archetypisch tief verwurzelt dieses »Kraftklopfen« ist, können Sie auch an unseren entfernten Verwandten, den Affen, beobachten. Intuitiv klopfen alle Primaten gelegentlich das Brustbein im Bereich der Thymusdrüse. Testen Sie nun die erstaunliche Wirkung der Thymusdrüsenstimulation: Nur nach *ein- bis zweiminütigem Klopfen* können Ihre zuvor schwachen Finger den Muskelring mit deutlich vermehrter Kraft halten. Wiederholen Sie übrigens das Klopfen nur drei bis fünf Minuten täglich, steigern Sie damit Ihre Körperkraft und die Krankheitsabwehr.

Die Erklärung hierfür finden wir wieder in der Funktionsweise des zentralen Nervensystems. Nervenimpulse in Gehirn und Körper müssen auf ihrem Weg durch unzählige Nervenbahnen und Nervenzellen im wahrsten Sinne des Wortes kleine Hürden überspringen. Diese Nervenbahnen verlaufen nicht durchgehend von Zelle zu Zelle, sondern sind in diverse Nervenbahnenabschnitte unterteilt. Über diese Abschnitte muß der Impuls dann »hinwegspringen«. Demzufolge bewegt sich ein Nervenimpuls wie eine Staffel beim Staffellauf durch den Körper. Im Körper muß die Übergabe des »Staffelholzes« dann nicht von Läufer zu Läufer, sondern von Nervenbahnabschnitt zu Nervenbahnabschnitt und von Zelle zu Zelle geschafft werden. Das funktioniert durch die chemische Anwesenheit von sogenannten Nervenbotenstoffen zwischen den Nervenbahnabschnitten und den Zellen. Die Thymusdrüse spielt eine wichtige Rolle im Stoffwechsel. Der Stoffwechsel wiederum garantiert unter anderem die Anwesenheit der für die Nervenimpulse wichtigen Nervenbotenstoffe. Vor diesem Hintergrund ist es verständlich, warum die Thymusdrüsenstimulation die Muskelkraft spontan steigern hilft. Der Nervenimpuls kommt einfach besser an, da das »Staffelhölzchen« reibungslos aufgrund der guten Stoffwechselsituation durch die Nervenbahnen bis hin zum Muskel transportiert wird.

Wichtiges über die Bedeutung der Thymusdrüse für unser Immunsystem können Sie bei näherem Interesse in dem Buch „Der Körper lügt nicht" von John Diamond nachlesen. Dieses Buch beschreibt viele faszinierende Einsatzmöglichkeiten der Kinesiologie. Beispielsweise kann man mit den Muskeltests sogar die individuelle Verträglichkeit von Nahrungsmitteln und Medikamenten für verschiedene Personen bestimmen. Ich kenne etliche Schulmediziner, die diesen Test bereits für ihre Patienten einsetzen. Im Rahmen dieses Buches möchte ich Ihnen kurz den Sinn des O-Ringtests im Zusammenhang mit Wörtern, Erinnerungen und Gedanken schildern.

Die ersten beiden, anfangs beschriebenen Durchgänge dienen lediglich der Testvorbereitung. Der Tester und Sie selbst haben sich auf Ihre individuellen Muskelreaktionen »kalibriert«, also individuell eingestellt. Bei einem weiteren Versuch können Sie feststellen, daß auch *Wörter* spontan kräftigend oder schwächend auf Ihre Muskelkraft wirken. Schließen Sie den Ring, und sagen Sie beim Testen laut das Wort »ja«. Sie werden feststellen, daß Sie den Ring mit der für Sie optimalen Kraft halten können. Wiederholen Sie diese Prozedur mit dem Wort »nein«. Der Ring geht jetzt ebenso leicht auf wie beim Halten der Batterieuhr. Zumindest funktioniert das bei neun von zehn Personen in der beschriebenen Form. Bei einigen Menschen ist das Verhältnis – je nach persönlicher Lebensgeschichte – umgekehrt: Bei »nein« hält die Muskelkraft, und bei »ja« ist sie geschwächt. Dieses Ergebnis ist einleuchtend zu erklären. Die meisten Menschen haben schon in ganz jungen Jahren mit den sehr wichtigen Wörtern »ja« und »nein« intensive Erfahrungen gemacht. Ein kreatives Kind, welches voller Neugier und Tatendrang beispielsweise die Tischdecke herunterziehen will, bekommt gleich ein dreifaches »Nein« zu hören. Schon ist der Spaß vorbei. Enttäuschung und Frustration sind die Folge, also negative und entkräftende Gefühle (z.B. »enttäuscht die Schultern sinken lassen«). Erinnern Sie sich an die Informationen über das Gehirn. Dieses leistungsfähige Organ speichert Wörter nicht nur hinsichtlich ihrer Schreibweise oder ihrer semantischen Bedeutung, es registriert wiederum auf der Modulebene zusätzlich sämtliche emotionalen Erfahrungen, die wir in Verbindung mit diesem Wort erlebten. Da das Gehirn nun intellektuelle und körperliche Vorgänge nicht getrennt, sondern gleichzeitig und parallel erfaßt und abruft, koppelt es auch später das Wort mit der zur Emotion passenden Körperreaktion. Körperreaktionen wiederum gehen auf physikalischem Wege untrennbar mit der Elektrochemie des Nervensystems und somit der Innervierung der Muskeln einher. Daher können wir dann im Muskeltest die ehemals gespeicherten Erfahrungen ablesen. Personen also, die auf das Wort »nein« mit ihrer vollen Muskelkraft reagieren, hatten irgendwann eine positive Erfahrung mit diesem Wort gemacht, aus der sie gestärkt hervorgingen.

Sie können sich für diesen Durchgang auch die Namen von zwei Ihnen bekannten Personen heraussuchen: Die eine Person sollten Sie sehr gern mögen, die andere sollte Ihnen unsympathisch sein, sie sollte in Ihnen Unbehagen oder Ärger provozieren. Sie werden überrascht sein, wie unterschiedlich Ihre Muskelkraft auf diese beiden ausgesprochenen Namen reagiert: Bei der sympathischen Person hält der Ring, bei der anderen geht er auf. Sie können auch gern Wörter wie »Finanzamt« oder »Urlaub« mit in diese Testphase einbeziehen. Reagiert der Körper mit einer Schwächereaktion auf ein Wort, so spricht man in der Kinesiologie von einem *Streßwort*. Jetzt kennen Sie Ihre individuelle Stärke- oder Schwächereaktion. Achten Sie darauf, diesen »Kalibrierungsdurchgang« sorgfältig zu erarbeiten. Sie können selbstverständlich auch Erfahrungen als Tester sammeln, indem Sie den O-Ringtest mit anderen Menschen probieren. Beachten Sie bitte, daß dieser Test kein Kräftemessen, vergleichbar mit dem Fingerhakeln oder Armdrücken, sein soll. *Beide* Beteiligten sollen ein Gefühl für ihre spezifische Muskelkraft erarbeiten. Das Ziel ist also nicht, den Ring um jeden Preis zu öffnen, sondern ein Grundgefühl für *den Unterschied zwischen den Stärke- und Schwächereaktionen der idividuellen Person* zu entwickeln, um diesen Unterschied später wiedererkennen zu können.

Denn dieser Unterschied beantwortet Ihnen in der Testphase die gestellten Fragen. Bei MAGIC WORDS benutzen wir diesen Test, um die Wirkung von *Wörtern* auf die Körperkraft zu testen. Dabei sagen Sie bestimmte Schlüsselwörter, die mit einem Ihrer Probleme oder mit Ihrer Lebenssituation zu tun haben, beispielsweise das Wort »Prüfung«. Der Tester checkt dabei gleichzeitig Ihren Muskelring. Bei einigen Wörtern hält der Ring vielleicht gut, bei anderen fehlt die Kraft zum Halten – es sind also *Streßwörter*. Ist die Reaktion auf ein wichtiges Wort auf diese Weise besonders schwach, sollte man die Wirkung mit MAGIC WORDS verändern. Den Erfolg der Intervention überprüfen wir dann wiederum mit dem O-Ringtest: Hält der Ring jetzt kräftig bei dem zuvor »schwachen« Wort, ist die Durchführung gelungen, und aus dem *Streßwort* ist ein MAGIC WORD geworden. Besteht noch eine Schwäche, müssen Sie das Wort mit den vorgestellten Möglichkeiten noch weiter »stärken«.

Es bedarf einer gewissen Übung und Erfahrung, um den O-Ringtest richtig anzuwenden. Es kann sein, daß der Test mit einigen Personen nicht gleich auf Anhieb klappt. Während Sie sich diesen Test erarbeiten, beachten Sie noch folgende Hinweise:

→ Die Testperson muß ausreichend *Flüssigkeit getrunken* haben.
→ Testperson und Tester dürfen *keine Batterieuhr* am Hangelenk tragen.
→ Die Testperson muß *absolut körpersymmetrisch* sitzen: geradeaus schauen, Füße parallel, Schultern in gleicher Höhe.
→ Knie und Füße dürfen sich in der Körpermitte nicht berühren; es muß ein kleiner Abstand bleiben.
→ Ist schon die Ausgangskraft schwach, muß die Testperson zunächst zwei Minuten eine *Thymusdrüsenstimulation* durchführen.
→ Kein *Fingerhakeln*; auch die Testperson selbst soll den Unterschied deutlich spüren können.
→ Ist die Testperson sehr stark (z.B. Bodybuilder), nimmt man nicht den Zeigefinger, sondern testet die anderen drei Finger im Ringkontakt mit dem Daumen. Es wird dann *der Finger zum Test benutzt, der den Unterschied am deutlichsten anzeigt.* Wir suchen so also einen *optimalen Indikatormuskel* (Anzeigemuskel).

Sie können auch einmal die Kraft des seitlich ausgestreckten Arms testen. Die Testperson steht. Der gegenüberstehende Tester legt die eine Hand leicht auf die Schulter des hängenden Arms. Die andere Hand legt er auf den Unterarm des ausgestreckten Testarms und drückt diesen beim Zeichen rasch nach unten. Wieder soll die Widerstandskraft des Muskels erfaßt werden. Die eigentlichen Tests verlaufen dann wie schon beim O-Ringtest beschrieben.

Literatur

Andreas, St.; Faulkner, Ch. (Hrsg.): *Praxiskurs NLP. Mit 21-Tage-Trainingsprogramm.* Paderborn: Junfermann [3]2000

Bandler, R.; Grinder, J.: *Metasprache & Psychotherapie. Die Struktur der Magie I.* Paderborn: Junfermann [9]1998

Besser-Siegmund, C.: *Denk dich schön. Das verblüffend einfache Beautyprogramm.* Düsseldorf: ECON 1996

Besser-Siegmund, C.: *Erfolg ist reine Willenssache – Magic Words für Manager.* Düsseldorf: ECON 1994

Besser-Siegmund, C.: *Frei von Angst und Panik.* München: Südwest 1999

Besser-Siegmund, C.: *Magic Words. Der minutenschnelle Abbau von Blockaden.* Paderborn: Junfermann 2001 (Neuauflage)

Besser-Siegmund, C.: *Mentales Training – das Praxisbuch.* München: Südwest 1998

Besser-Siegmund, C.; Siegmund, H.: *Coach Yourself – Persönlichkeitskultur für Führungskräfte.* Paderborn: Junfermann 2002 (Neuauflage)

Besser-Siegmund, C.; Siegmund, H.: *Denk dich nach vorn.* Düsseldorf: ECON [2]1997

Besser-Siegmund, C.; Siegmund, H.: *Du mußt nicht bleiben, wie du bist. Reimprinting – Spielerisch die eigene Persönlichkeit neu entwickeln.* Düsseldorf: ECON 1995

Diamond, J.: *Der Körper lügt nicht.* Freiburg: VAK 1991

Dilts, R.: *Identität, Glaubenssysteme und Gesundheit.* Paderborn: Junfermann [3]1998

Dilts, R.: *Know how für Träumer.* Paderborn: Junfermann [2]2000

Ellis, A.: *Grundlagen und Methoden der Rational-Emotiven Verhaltenstherapie.* Stuttgart: Klett Cotta 1997

Eschenröder, Ch. T.: *EMDR – eine neue Methode zur Verarbeitung traumatischer Erlebnisse.* Tübingen: DGVT 1997

Grawe, K.: *Psychologische Therapie.* Göttingen: Hogrefe 1998

Grinder, J.; Bandler, R.: *Kommunikation und Veränderung. Die Struktur der Magie II.* Paderborn: Junfermann [7]1997

Hofmann, A.: *EMDR in der Therapie psychotraumatischer Belastungssyndrome.* Stuttgart: Thieme 1999

Hüther, G.: *„Auf die Lernbereitschaft kommt es an".* Interview in Capital 7/2000

Hüther, G.: *Biologie der Angst – Wie aus Streß Gefühle werden.* Göttingen: Vandenhoeck und Ruprecht [3]1999

Klinghardt, D.: *Lehrbuch der Psychokinesiologie.* Freiburg: Bauer 1999

Kroschel, E.: *Die Weisheit des Erfolgs.* München: Kösel 1996

Leutner, V.: *Schlaf, Schlafstörung, Schlafmittel.* Basel: Editiones Roche 1993

Manfield, P. (Hrsg.): *Innovative EMDR-Ansätze. Die Anwendungsfelder von EMDR.* Paderborn: Junfermann 2000

Miketta, G.: Netzwerk Mensch. Stuttgart: Thieme 1991

O'Connor, J.; Seymour, J.: *Neurolinguistisches Programmieren: Gelungene Kommunikation und persönliche Entfaltung.* Freiburg: VAK 1992

Omura, Y. (Hrsg.): *Acupuncture & Electro-Therapeutics Research.* Vol. 12, 2, S. 139–170, Pergamon Press, New York

Ornstein, R.; Thompson, R. F.: *Unser Gehirn: Das lebendige Labyrinth.* Reinbek: Rowohlt 1993

Parnell, L.: *EMDR – Der Weg aus dem Trauma: Über die Heilung von Traumata und emotionalen Verletzungen.* Paderborn: Junfermann 1999

Shapiro, F.: *EMDR. Grundlagen und Praxis.* Paderborn: Junfermann [2]1999

Shapiro, F.; Forrest, S.: *EMDR in Aktion. Die neue Kurzzeittherapie in der Praxis.* Paderborn: Junfermann [2]2001

van der Kolk, B.: *Traumatic Stress. Grundlagen und Behandlungsansätze.* Paderborn: Junfermann 2000

Ziegelgänsberger Prof.: „*Wie die Nervenzelle den Schmerz erlernt".* MPG-Spiegel 1/1991

Filme

PHOBIA – DIE NACKTE ANGST, aus der Reihe BBC-Exklusiv, gesendet am 2.8.2000 auf VOX

WEGE AUS DEM TRAUMA, aus der Reihe Archimedes, gesendet am 27.5.1997 auf Arte

Videokassetten

Klinghardt, D.: *Psychokinesiologie 1 – Heilung psychosomatischer Erkrankungen durch Muskeltest und Klopfakupressur.* Freiburg: Bauer 1993

Klinghardt, D.: *Psychokinesiologie 2 – Befreiung von seelischen Konflikten.* Freiburg: Bauer 1995

Schmerz-Panorama aus der Serie „Schmerz und Schmerzbehandlung": *Zelle und Schmerz – Entstehung und Verhütung chronischer Schmerzen aus neurobiologischer Sicht.* Ein Film der Gödecke AG, Freiburg

Stichwort- und Personenverzeichnis

Kontaktadressen für EMDR

Deutschland

EMDRIA Deutschland e.V.
c/o V. Engl
Am Siebrassenhof 70
D-33605 Bielefeld

Eine Liste von Therapeuten mit abgeschlossener EMDR-Ausbildung erhalten Sie unter der Telefonnummer *0 61 03 - 72 88 47.*

EMDR Institut Deutschland
Junkersgut 5a
D-51427 Bergisch Gladbach
Tel.: 0 22 04 - 2 58 66

Österreich

EMDR-Institut Österreich
Institut für Traumatherapie
Widerhofergasse 4
A-1094 Wien
Tel.: +43-1/317 47 03
Fax: +43-1/317 47 02-22
www.emdr.at

Schweiz

Psychotherapeutisches Institut im Park
Steigstraße 26
CH-8200 Schaffhausen
Tel.: +41 52 624 97 82
Fax: +41 52 625 08 00
eMail: iip@swissonline.ch
www.emdr-institut.ch

Wingwave-Coaching – das Training

Die Teilnehmer
Das viertägige Training in Wingwave-Coaching richtet sich an professionelle Trainer, Therapeuten und Coaches. Es ist ein zusätzliches Modul zu einer abgeschlossenen Ausbildung in NLP, Kommunikationspsychologie, Psychotherapie oder vergleichbaren Abschlüssen. Ausbildungsinhalt ist die im Buch vorgestellte Wingwave-Methode. Die Teilnehmerzahl ist begrenzt auf 12 Teilnehmer pro lehrendem Wingwave-Trainer.

Die Zielgruppe
Wingwave ist ein Kurzzeit-Coaching-Konzept für alle Menschen in anspruchsvollen Berufen wie z.B. Führungskräfte, Manager, Kreative und Sportler.

Die Trainer
… sind NLP-Trainer mit einer entsprechenden Wingwave-Ausbildung.

Die Anwendungs-Bereiche
1. Regulation von Leistungsstreß (PAS = Post-Achievement-Streß)
Effektiver Streßausgleich bei z.B.: sozialen Spannungsfeldern im Team oder mit Kunden, „Rampenlicht-Streß", „Nackenschlägen" auf dem Weg zum Ziel oder bei körperlichem Streß wie z.B. Schlafmangel oder allgemeiner Überanstrengung.

2. Ressourcen-Coaching
Hier werden die Interventionen für Erfolgsthemen wie Kreativitätssteigerung, Selbstbild-Coaching, positive Selbstmotivation, die „Stärkung des inneren Teams" oder Ziel-Visualisierung und für die mentale Vorbereitung auf die Spitzenleistung eingesetzt („in vivo"-Coaching).

3. Belief-Coaching
Leistungseinschränkende Beliefs werden in Ressource-Beliefs verwandelt. Von besonderer Bedeutung ist auch das Auffinden von „Euphorie-Fallen" im Beliefsystem, welche langfristig die innere Welt allzu „erschütterbar" machen könnten. Das Ziel ist also eine emotional stabile Belief-Basis, welche auch anspruchsvolle mentale Belastungen aushält.

Die Methoden
Wingwave ist ein geschütztes Verfahren. Wir vereinen hier
→ bilaterale Hemisphärenstimulation wie schnelle Augenbewegungen, auditive, taktile und motorische links-rechts-Reize
→ NLP wie beispielsweise Submodalitätenarbeit, Reframing oder Timeline-Prozesse
→ und Kinesiologie: einerseits, um die Wirkung der Interventionen zu überprüfen, und andererseits, um durch einen Muskeltest genau den richtigen „Triggerpunkt" für den effektivsten und dadurch auch zeitökonomischsten Einstieg in ein Coachingthema zu bestimmen.

Namensnutzung

Das Training berechtigt die Teilnehmer zur Namensnutzung der Methode gegenüber ihren Coaching-Kunden sowie zur Mitgliedschaft am Wingwave-Service. Im Trainingspreis ist bereits die Option für die Mitgliedschaft für das laufende Kalenderjahr (ab Trainingsdatum Oktober auch für das folgende Jahr) enthalten. Sie kann dann jährlich verlängert werden.

Wingwave-Service (u.a.)

→ Adreßnennung auf der Homepage www.wingwave.com mit Link zur eigenen Hompage
→ gemeinsame Print-Werbung
→ Sonderkonditionen beim Erwerb der Wingwave-CD
→ Bezugsmöglichkeit von Werbematerial mit eigenem Stempelfeld

Veranstalter in Deutschland

BESSER-SIEGMUND-INSTITUT
Mönckebergstr. 11, 20095 Hamburg
Tel.: 0049-40-32004936, Fax: 0049-40-32004937
Besser-Siegmund-Institut@t-online.de

Wolfgang Schmidt: www.ske-schmidt.de
Dr. Jan Krüger: www.drkrueger.de

Veranstalter in der Schweiz

NLP-Akademie
Buckstr. 13
CH-8422 Pfungen-Winterthur
Tel.: 0041-52-315 52 52, Fax: 315 52 53,
info@nlp.ch

Veranstalter in Österreich

Prof. Mag. Dr. Franz Alberich Pesendorfer
Neudorfegg 56
A-8522 Gross St. Florian
Tel.: 0043-3464-2633
Alberich@aon.at

Veranstalter in den Niederlanden

Henk Hoenderos, O.S.N.
Sterbastion 73
1991 WE Velserbroek
Niederlande
Tel.: 0031-23-5390804
Fax: 0031-23-5390044
eMail: Counseling@VIZZAVI.NL

Weitere Veranstalter finden Sie im Internet unter www.wingwave.com

**NLP
Bilaterale Hemisphären-Stimulation
Kinesiologie**

BESSER SIEGMUND INSTITUT HAMBURG
Mönckebergstraße11, 20095 Hamburg, Tel. 040 32 00 49 36, Fax 040 32 00 49 37
E-mail Besser-Siegund-Institut@t-online.de, www.Besser-Siegmund.de

Cora Besser-Siegmund, Harry Siegmund
[Dipl. Psychologen, Psychotherapeuten, NLP-Lehrtrainer DVNLP, EMDR-
Supervisor/EMDR-Level II]

Beratung, Psychotherapie, NLP-Ausbildungen bis zur Trainerstufe,
Seminare und Bücher [Coach Yourself, Magic Words®, Mentales Training usw.]

wingwave®**coaching**
[Einzel-coaching und Training mit Lizenz]

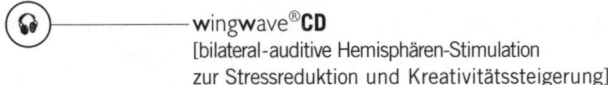

wingwave®**CD**
[bilateral-auditive Hemisphären-Stimulation
zur Stressreduktion und Kreativitätssteigerung]

wingwave®**Buch**

Mehr Informationen zu wingwave®Trainingsprogrammen, aktuelle Adressenliste von wingwave®-
Coaches und News unter: **www.wingwave.com**

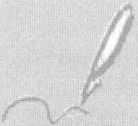